GEORGE SAND

LE LIS DU JAPON

COMÉDIE EN UN ACTE ET EN PROSE

PARIS

MICHEL LÉVY FRÈRES LIBRAIRES ÉDITEURS

RUE VIVIENNE, 2 BIS, ET BOULEVARD DES ITALIENS, 15

A LA LIBRAIRIE NOUVELLE

IMPRIMERIE L. TOINON ET Cᵉ, A SAINT-GERMAIN.

LE

LIS DU JAPON

COMÉDIE

Représentée pour la première fois, à Paris, sur le théâtre du Vaudeville,
le 14 août 1866

PARIS. — IMPRIMERIE DE J. CLAYE
RUE SAINT-BENOIT, 7

LE
LIS DU JAPON

COMÉDIE

EN UN ACTE, EN PROSE

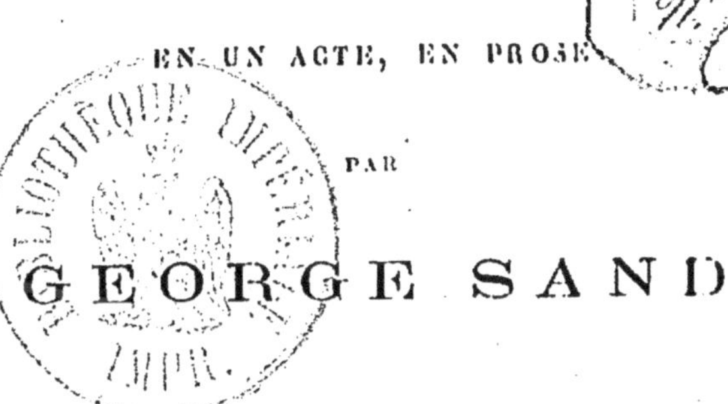

PAR

GEORGE SAND

PARIS

MICHEL LÉVY FRÈRES, LIBRAIRES ÉDITEURS

RUE VIVIENNE, 2 BIS, ET BOULEVARD DES ITALIENS, 15

A LA LIBRAIRIE NOUVELLE

—

1866

PERSONNAGES

JULIEN THIERRY, peintre.	MM. DELACOUR.
MARCEL, procureur.	COLSON.
LA MARQUISE, jeune veuve.	Mlle SAVARY.
UN DOMESTIQUE.	M. POURCE.

Sous Louis XVI, à Paris.

S'adresser, pour la mise en scène, à M. A. Vizentini, au théâtre du Vaudeville.

LE

LIS DU JAPON

L'intérieur d'un joli petit atelier pour peindre des fleurs. Il y a des fleurs partout, en jardinières, en caisses, en vases; des toiles, des chevalets, etc.; une grande table, un fauteuil, d'autres siéges; aucun luxe, beaucoup de propreté. Au fond, une grande porte ouverte, donnant sur un petit péristyle où l'on voit un escalier qui monte aux étages supérieurs. — A droite, dans l'atelier, une fenêtre à demi couverte d'un rideau vert; à gauche, en face, une porte.

SCÈNE PREMIÈRE.

JULIEN, MARCEL.

Julien est à la fenêtre; Marcel entre, tenant un petit pot de faïence dont la plante est enveloppée de papier.

JULIEN, à lui-même.

Personne dans le jardin! Elle ne sort donc pas aujourd'hui?

MARCEL, à part.

Comme le voilà absorbé! (Haut.) Ohé! Julien, bonjour!

JULIEN.

Ah! cousin Marcel! (Il lui serre les mains.)

MARCEL.

Tu étais donc là, perdu dans tes rêveries, grand artiste?

JULIEN.

Oui, grand procureur! je regardais fleurir le printemps. Et ton étude, fleurit-elle aussi?

MARCEL.

Elle bourgeonne, mon ami, elle bourgeonne. Ah! si elle était payée, ça irait mieux; il y pousserait des branches et des fruits. Dis donc, si tu hérites, tu m'aideras, hein?

JULIEN.

A payer? Ah! je t'en réponds! mais ne te réjouis pas, mon pauvre ami, je n'hériterai pas.

MARCEL.

Qu'en sait-on?

JULIEN.

L'oncle Thierry dédaigne trop les artistes, en général, et moi en particulier.

MARCEL.

Il en reviendra peut-être. Ça dépend de toi.

JULIEN.

Tu veux que je renonce à la peinture?

MARCEL.

Non pas! peindre des fleurs et des fruits, des mouches d'or, des papillons, des gouttes de rosée, c'est un art très-galant où ton pauvre père excellait et où tu fais déjà parler de toi avec éloge. Je ne veux pas que tu y renonces, je veux que...

JULIEN.

Que quoi?

MARCEL.

Que tu me donnes de l'eau!

JULIEN.

Tu as soif?

MARCEL.

Non, c'est pour cette fleur qu'il faut tenir fraiche par le pied

JULIEN.

Ah! qu'elle est belle et qu'elle sent bon! je n'en ai jamais vu de pareille. C'est un présent que tu me fais?

MARCEL.

Oh! des présents comme ça, je t'en souhaite! ça vaut peut être un millier d'écus!

JULIEN.

Ah! bah! c'est donc à notre oncle?

MARCEL.

A qui veux-tu que ce soit? C'est un lis d'Afrique, ou...

JULIEN.

Ou d'Asie?

MARCEL.

Ou d'Amérique, je ne sais plus; et ça s'appelle... Attends donc!... Ah! ma foi, je ne sais plus. Ça m'est bien égal, tu penses; mais ce que je sais, c'est qu'il me l'a confié avec des recommandations comme s'il s'agissait d'un enfant à mettre en nourrice.

JULIEN.

Et où portes-tu ça?

MARCEL.

Je l'apporte chez toi, et je te le confie à ton tour. Il s'agit de faire le portrait de ce précieux végétal pendant qu'il est dans sa beauté, et notre oncle te donne pour ça.

JULIEN.

Combien?

MARCEL.

Deux heures.

JULIEN.

Deux heures de sa tendresse?

MARCEL.

Non, deux heures de ton travail. N'importe! dépêche-toi, Julien, mets-toi à la besogne.

JULIEN.

Bien! il commence donc à comprendre qu'un peintre de fleurs et un amateur de plantes rares peuvent se rendre service l'un à l'autre? Dis donc, Marcel, il aurait pu commencer plus tôt, lui, si riche!

MARCEL.

Eh bien, il commence, il te donne sa pratique.

JULIEN.

Et te la donne-t-il aussi, à toi?

MARCEL.

En partie. Une clientèle comme la sienne occupe plus d'un procureur; mais enfin, il m'emploie.

JULIEN.

Eh bien, pourquoi n'hériterais-tu pas?

MARCEL.

Moi? Jamais; je suis marié avec une bourgeoise.

JULIEN.

C'est donc sérieux, cette vanité de parvenu qui s'est logée dans sa cervelle?

MARCEL.

Ça devient une manie, une idée fixe. Tu sais bien qu'il s'est brouillé avec toi parce que tu n'as pas voulu épouser certaine veuve. .

JULIEN.

Cette grosse dame de campagne sur le retour?

MARCEL.

Elle avait en poche quelques petits aïeux de robe, et ça flattait le richard; mais j'avoue qu'elle était un peu passée fleur. A présent, il a une autre idée, qui est moins effrayante.

JULIEN.

Un autre projet de mariage pour moi?

MARCEL.

Oui; vingt-cinq ans, veuve aussi, passablement jolie, très-avenante, on dit même un peu coquette : la présidente de Reuilly.

JULIEN.

Très-bien! c'est conclu : je refuse.

MARCEL.

Pourquoi ça? Tu es donc fou?

JULIEN.

Oui. (Il se lève et va à la fenêtre.)

MARCEL.

Voilà une réponse nette et qui coupe court aux remontrances. Pourtant, Julien... Mais que regardes-tu donc là?

JULIEN.

Rien.

MARCEL.

Si fait! (Il regarde.) Tiens! la marquise d'Estrelle, ma cliente aussi. Laisse-moi donc la saluer.

JULIEN.

Non pas! elle ne sait pas que je la regarde, moi.

MARCEL.

Ah! tu la regardes?

JULIEN.

Elle ne s'en doute pas. J'y mets tant de précautions! Dès qu'elle paraît, je baisse le rideau.

MARCEL.

Et, pendant qu'elle se promène dans son petit jardin, tu la contemples à travers cette fente de l'étoffe? Es-tu bien sûr qu'elle ne s'en soit jamais aperçue?

JULIEN.

Ah! mon ami, elle ne sait pas seulement que j'existe!

MARCEL.

Mais elle va le savoir.

JULIEN.

Comment? Pourquoi?

MARCEL.

Parce que, à la suite d'un petit procès que j'ai gagné pour elle, pas plus tard qu'hier, ce pavillon que tu habites devient sa propriété.

JULIEN.

Vrai?

MARCEL.

Notre oncle a quelque envie de l'acheter pour le jeter par terre et agrandir son jardin, qui est de ce côté-ci, séparé par un enclos vague dont il se porte acquéreur.

JULIEN.

O mon Dieu! abattre ce pavillon!

MARCEL.

Ce sera décidé aujourd'hui même!

JULIEN.

Par qui?

MARCEL.

Par l'architecte, qui doit venir tout à l'heure le visiter. S'il est réparable à peu de frais, la marquise le conserve et y garde un locataire. S'il menace ruine, elle le vend, et l'oncle Thierry le rase pour y planter des tulipes.

JULIEN.

Impossible!

MARCEL.

Ça regarde les tulipes. Si elles veulent pousser

JULIEN.

Ah! Marcel, ne ris pas de moi! je suis désespéré!

MARCEL.

Comment! c'est si sérieux que ça? une femme que tu vois... d'assez loin... à qui tu n'as jamais parlé...

JULIEN.

Elle vient là, tout près, sur ce banc, où elle reste quelquefois une heure à lire ou à rêver. D'autres fois, elle est accompagnée d'une ou deux femmes de ses amies, ou d'un vieux monsieur, son parent; elle cause avec eux... Ah! que sa voix est douce et son langage noble et touchant! Je ne fais pas d'indiscrétion, en l'écoutant, Marcel! je ne le fais pas toujours exprès, et puis je ne m'intéresse pas aux choses dont on parle, quand elle ne s'y intéresse pas. Je n'entends qu'elle, et, dans tout ce qu'elle dit, je la sens si bonne, si vraie, si généreuse!... c'est une âme grande et pure, vois-tu, une âme au-dessus de toutes les autres. C'est un esprit droit, un sens rare, un cœur magnanime! enfin, c'est une créature du ciel, c'est un ange sur la terre, et je l'adore!

MARCEL.

Diable! diable! te voilà bien pris, mon pauvre ami... et sans espoir! c'est une trop grande dame!

JULIEN.

Et trop austère dans ses idées comme dans ses mœurs, pour faire jamais la moindre attention à moi. Tu vois donc bien que, sans l'offenser, je peux l'aimer en silence; ne me trahis pas!

MARCEL.

Je n'ai garde. Pourtant... que sait-on? elle est veuve et peu fortunée; si l'oncle... Mais à quoi songes-tu?

JULIEN.

Ah! pardon... tu me parlais?

MARCEL.

Diantre! oui, je te parle; es-tu sourd?

JULIEN.

Dis-moi, Marcel, cet architecte qui va venir, c'est Dubourg?

MARCEL.

Eh! oui, notre camarade d'école. Où vas-tu?

JULIEN.

Je cours chez lui, c'est au bout de la rue.

MARCEL.

Puisqu'il va venir!

JULIEN.

N'importe! je veux...

MARCEL.

Quoi donc?

JULIEN.

Tu verras!

MARCEL.

Mais le lis, le dessin...?

JULIEN.

Oui, oui, je reviens à l'instant. (Il sort.)

SCÈNE II.

MARCEL, seul.

Ah! c'est de la frénésie! quelle tête! et ce que c'est que les artistes! Ai-je bien fait d'étudier la chicane! je serais peut-être devenu comme ça, moi! Mais, voyons, je vais trouver la marquise, je lui dirai... Oui, oui, j'y suis... (La marquise paraît.) Et, en même temps, je pourrai bien tâter le terrain.

SCÈNE III.

MARCEL, LA MARQUISE, UN LAQUAIS.

LA MARQUISE.

Ah! vous êtes là, monsieur Marcel?

MARCEL.

Comme chez moi, c'est-à-dire, non, chez vous. Entrez, madame la marquise!

LA MARQUISE.

Non, je monte. Je veux voir par mes yeux cet étage qui menace. M. Dubourg doit être là-haut?

MARCEL.

Non, madame, il n'est pas arrivé, et c'est lui qui a les clefs... Daignez attendre ici... chez... C'est un atelier de peinture, et il n'y a personne.

LA MARQUISE, *entrant.*

Vous êtes sûr? C'est là que demeure ce jeune peintre, votre parent, je crois?

MARCEL.

Julien Thierry, mon cousin. D'ailleurs, vous êtes ici sur vos nouveaux domaines, et, en qualité de propriétaire, vous avez droit de visite et d'examen. Et puis vous pourrez jeter un coup d'œil sur ses toiles... Ce n'est pas mal.

LA MARQUISE, *regardant.*

C'est même très-bien... c'est charmant... vrai! Je savais par vous qu'il a du talent et une bonne conduite; mais je vais être forcée de lui donner congé.

MARCEL.

Sans doute, s'il est vrai qu'il y ait cas de force majeure; autrement .. il a un bail, et c'est une indemnité à discuter.

LA MARQUISE.

Discuter? Non, puisque la personne est recommandable, elle fixera elle-même le chiffre de ses prétentions; je n'entends rien aux affaires, vous le savez! Mais je ne saurais rester plus longtemps; s'il rentrait!... Il vit tout seul, n'est-ce pas? il n'est pas marié?

MARCEL.

Il n'est ni marié, ni .. Enfin, il vit seul, sagement et honorablement.

LA MARQUISE.

Son atelier est fleuri et agréable. Il est dans l'aisance?

MARCEL.

S'il ne payait pas religieusement les dettes de son père, il gagnerait de quoi vivre assez bien; mais...

LA MARQUISE.

Mais il a de la délicatesse et il est gêné? Ne prenez pas mes intérêts, monsieur Marcel, je vous le défends.

MARCEL.

Madame la marquise, soit dit sans l'offenser, est gênée aussi. Elle ne compte pas quand il s'agit de donner. Si elle voulait suivre les conseils de son humble procureur, elle songerait, — elle m'a déjà permis de le lui dire, — elle songerait sérieusement à convoler en secondes noces.

LA MARQUISE.

Je suis donc bien endettée, monsieur Marcel ?

MARCEL.

Assez pour n'être point en état de rebâtir ce pavillon, qui pourtant rapporte quelque chose. Madame la marquise devrait se mettre en situation de ne pas avoir ces petites préoccupations-là! vraiment une personne de son rang, avec un si grand caractère...

LA MARQUISE.

Encore, monsieur Marcel? Vous tenez, je le vois, à me faire faire un riche mariage.

MARCEL.

Il ne tiendrait qu'à vous, madame; je sais un jeune homme...

LA MARQUISE.

Ah! vous savez un jeune homme...

MARCEL.

Beau, bien fait, aimable et plein de cœur...

LA MARQUISE.

Eh! mais c'est charmant d'être ainsi!

MARCEL, *à part.*

Ça prend! courage! (*Haut.*) Et riche, très-riche même!

LA MARQUISE.

C'est un avantage, s'il aime à faire le bien!

MARCEL.

N'est-ce pas, madame la marquise? La magnificence des habitudes rachète l'absence des titres; au temps où nous vivons, une mésalliance n'est pas une si grosse affaire qu'au temps passé, et ..

LA MARQUISE.

Ah! permettez! ce serait une mésalliance? Ne m'en parlez plus. Cela me répugnerait.

MARCEL, *à part.*

Aïe! (*Haut.*) Je demande humblement pardon à madame la marquise d'avoir blessé ses... principes!

LA MARQUISE.

Vous alliez dire mes préjugés? Eh bien, je veux m'expliquer avec vous qui êtes un galant homme. Je n'ai point de préjugés; mais je trouve qu'il y a quelque chose de lâche à vendre son nom pour de l'argent, de même qu'il y a, dans la vanité d'un parvenu qui recherche l'alliance d'une femme de qualité sans fortune, quelque chose de ridicule, quelque chose de contraire à la dignité. Toute situation doit garder l'orgueil d'elle-même, monsieur Marcel... Que les parvenus soient fiers de leurs richesses, je ne demande pas mieux, s'ils les ont bien acquises; mais qu'on nous laisse être fiers aussi de ne rien devoir à personne, et que chacun se tienne à sa place, sans convoitise et sans puérile ambition!

MARCEL.

Madame la marquise a parfaitement raison! (*A part.*) Pauvre Julien! il faut le faire partir d'ici!

SCÈNE IV.

LES MÊMES, JULIEN, MARCEL.

JULIEN.

Eh bien, j'ai vu Dubourg, je... (Voyant la marquise, il jette un cri.) Ah!

MARCEL.

C'est lui, madame, c'est mon cousin le peintre.. votre locataire... et, puisque vous avez des ordres à lui donner, le voilà pour les recevoir.

LA MARQUISE.

Si vous me trouvez installée chez vous en votre absence, monsieur, ne vous en prenez qu'à M. Marcel. Je me plaisais à regarder vos œuvres.

MARCEL, bas, à Julien.

C'est-à-dire qu'elle ne les regardait pas du tout.

LA MARQUISE.

Et, puisque nous voici en présence, pourquoi ne vous dirais-je pas que je désire rentrer en possession de ce pavillon?

JULIEN.

Mais... M. Dubourg et moi, nous étions d'accord... Les réparations sont urgentes, il est vrai; mais, désirant ne pas déménager, je les prends à ma charge, et, dès lors, il est tout à fait indifférent à madame la marquise que j'en sois plus ou moins incommodé.

MARCEL, surpris.

Oui; mais...

JULIEN.

Permets, Marcel, ceci me regarde.

LA MARQUISE.

Alors, monsieur, vous refusez d'accéder à ma demande?

JULIEN.

Votre demande, madame? Je croyais... (Le laquais entre et remet un billet à Marcel.)

LA MARQUISE.

Vous pensiez que c'était seulement une question de...? Qu'est-ce, monsieur Marcel? l'architecte?

MARCEL.

Non, madame, c'est mon oncle, M. Thierry... qui me fait demander pour une affaire pressante... (Bas, à Julien.) Ta réponse pour le mariage en question.

JULIEN.

J'ai dit non.

LA MARQUISE.

Allez, monsieur Marcel, je traiterai cette affaire-ci moi-même.

MARCEL.

Je reviens, madame, c'est tout près. (Bas, à Julien.) Je vais gagner du temps. Tu te raviseras; n'espère rien ici. Orgueil intraitable, mon cher! (Il sort.)

SCÈNE V.

JULIEN, LA MARQUISE.

LA MARQUISE.

Peut-être vous demandait-on aussi?

JULIEN.

Non, madame.

LA MARQUISE.

Eh bien, je vais vous parler franchement. Puisque ce pavillon est réparable, et c'est à moi seule de m'en occuper, je désire y loger une femme de mes amies. Je vous prie donc d'exiger de moi une indemnité légitime pour votre départ, le plus prompt possible.

JULIEN.

Je partirai aujourd'hui, madame. Je ne sais que vous obéir.

LA MARQUISE.

Et M. Marcel fera droit...

JULIEN.

Non, madame. On perd son bonheur, on ne le vend pas.

LA MARQUISE.

Son bonheur? Le vôtre ne peut pas être attaché à la jouissance de ce modeste appartement.

JULIEN.

Pardonnez-moi, il est si clair, si gai, si riant! des fleurs devant ma fenêtre, des gazons de plain-pied, un coin de ciel là-haut, des arbres là-bas, la chanson d'un petit jet d'eau, les moineaux qui me connaissaient... tout cela, c'est le bonheur, c'est la vie d'un pauvre artiste à Paris.

LA MARQUISE.

Eh bien, alors, il m'en coûte de vous affliger. On pourrait s'entendre. Je logerais mon amie au premier étage, et vous garderiez le rez-de-chaussée. Vous avez donc de la vue, ici? (Elle entr'ouvre le rideau.) Ah! mais c'est mon jardin... et cette fenêtre... je croyais cette pièce inhabitée!

JULIEN.

Je ne m'y tiens jamais... que pour travailler, et, comme le jour serait trop vif, je ferme tout.

LA MARQUISE.

Alors, vous ne jouissez pas du tout de cette vue que vous vantiez?

JULIEN.

Quand vous n'êtes pas là, madame...

LA MARQUISE.

Vous savez donc quand j'y suis? Tenez, monsieur Thierry, cette fenêtre me gêne.

JULIEN.

Ah! madame, vous croyez que je me permets...?

LA MARQUISE.

Je ne crois rien du tout. Je n'ai jamais remarqué là personne, et je ne vous soupçonne pas d'être curieux. Ce serait en pure perte, je n'ai pas de secrets, moi! N'importe! on aime à être chez soi, et vous-même, l'œil d'un voisin vous gênerait. Si vous tenez beaucoup à rester ici, je ferai mon possible pour ne pas vous déranger, mais vous trouverez bon que cette ouverture soit murée.

JULIEN.

Murée? Ah! grands dieux! vous me plongez dans les ténèbres, moi, un peintre!

LA MARQUISE.

Attendez! si je m'oriente bien... les grands et beaux jardins de M. Thierry mon voisin... votre parent... sont par ici.

JULIEN.

Oui; mais...

LA MARQUISE.

On peut ouvrir ici une fenêtre aussi grande que vous la voudrez, et M. Thierry ne s'y opposera certainement pas. Vous gagnerez donc tout au change. Parlez-en à votre oncle... et le plus tôt possible, vous m'obligerez. (Voyant l'accablement de Julien.) Vous êtes très-nouveau ici, m'a-t-on dit : il n'y a pas plus de deux ou trois mois...

JULIEN.

Deux mois... deux jours, deux heures, c'est parfois l'équivalent de toute une vie de souffrances et de délices. Quand je suis venu ici, moi, la douleur d'avoir perdu mon père...

LA MARQUISE.

Un homme de grand talent, je le sais, et fort aimé de tout le monde!

JULIEN.

Oui, madame, le regret de cette perte était encore bien vif. Je ne sortais pas, je ne vivais plus. La solitude était un besoin en même temps qu'un supplice. La tranquillité de ce petit réduit m'a charmé. J'y ai trouvé des idées plus calmes... et aussi plus vives... un idéal plus élevé, des rêveries, des aspirations sans fin... tout un monde de désirs sans espoir... Ah! vos fleurs sont moins méfiantes et moins cruelles que vous! Elles ne se croyaient pas souillées par le regard d'un pauvre amant de la nature, et Dieu, qui a fait tout ce qui est beau et bon, ne me faisait pas un crime de l'adorer dans ses divins ouvrages!

LA MARQUISE.

Un esprit aussi élevé que le vôtre trouvera partout de pures jouissances et des modèles divins. N'en êtes-vous pas entouré? Voici chez vous des plantes plus rares que les miennes, et vous ne devez pas les oublier pour celles du dehors. Vivez pour le bel art que votre père vous a enseigné, et où sa renommée vous soutiendra. Et, puisque vous aimez à symboliser, songez que les lis .. en voici un admirable de blancheur!... ne doivent leur éclat qu'à leur pureté, et trouvez naturel qu'ils aiment l'ombre... et la solitude. Adieu.

JULIEN.

Adieu, madame!... mais, ce lis que vous avez regardé... votre image... accordez-moi une seule consolation, une seule grâce! (Il le cueille.)

LA MARQUISE.

Ah! que faites-vous?

JULIEN.

Emportez-le.

LA MARQUISE.

Mais... Non, monsieur, je ne l'accepte pas!

JULIEN.

Ah! malheureux que je suis! vous me refusez cela!... Oui, c'est juste, j'oubliais... Pauvre et sans nom, je n'ai même pas le droit de vous offrir une fleur!

LA MARQUISE.

Ce n'est pas cela, monsieur; mais je ne reçois de fleurs de personne, et je craindrais le parfum de celle-ci.

SCÈNE VI.

LES MÊMES, MARCEL.

MARCEL.

Vous parlez, madame la marquise?

LA MARQUISE.

Dubourg n'arrive pas; vous l'enverrez chez moi, monsieur Marcel. (Elle disparaît.)

MARCEL, à Julien.

L'oncle s'impatiente et s'irrite; tu n'as pas travaillé?... (Voyant le lis coupé.) Ah! grands dieux! qu'as-tu fait, malheureux? c'est un crime!

LA MARQUISE rentre effrayée.

Quoi donc? qu'y a-t-il? (Elle court vers Julien.)

MARCEL, lui montrant le lis.

Un crime! un meurtre! voyez, madame!

LA MARQUISE, tombant sur une chaise.

Ah! que vous m'avez fait peur!

JULIEN.

Peur? Ah! elle s'évanouit! elle est pâle! (Il cherche un verre d'eau.)

LA MARQUISE.

Non! rien... merci... je ne comprends pas... j'ai cru... je ne sais pas ce que j'ai cru! Pourquoi ce cri terrible?

MARCEL.

Je suis désolé de vous avoir effrayée, madame la marquise; mais, si vous saviez!... ah! c'est un suicide, on peut le dire.

LA MARQUISE.

Un suicide? comment? qui?

JULIEN.

Mais je n'y comprends rien non plus. Marcel est fou !

LA MARQUISE.

Ah ! c'est lui ? (Marcel éclate de rire.) Vous riez, à présent?

MARCEL.

Oui, je ris, je crie, j'enrage, je jurerais, si j'osais ! nous voilà tous éperdus... Calmons-nous, comprenons-nous, et soyez juge, madame la marquise. Vous connaissez de vue ou de réputation notre oncle, l'ex-armateur, le fantasque, l'honnête, le désagréable, le riche M. Thierry ?

JULIEN.

Eh ! qu'importe à madame la marquise...

MARCEL.

Tais-toi, malheureux, tu es sans excuse ! (A la marquise.) Vous avez ouï parler de sa passion pour les oignons ?

LA MARQUISE, étonnée.

Les ..?

MARCEL.

Oui, les plantes bulbeuses, comme il les appelle, les tulipes, les lis... Celui-ci, à peine éclos en serre chaude, — trente-deux degrés Réaumur ! — m'avait été confié pour que ce maudit barbouilleur en fît une esquisse.

LA MARQUISE.

Oui, je comprends... je vois...

MARCEL.

Non, madame, vous ne voyez que le fait. La conséquence se dérobe aux prévisions. Notre oncle avait résolu... je viens d'en recevoir la confidence... de léguer tous ses biens à Julien ici présent, moyennant certaines conditions...

JULIEN.

Tais-toi ! je...

MARCEL.

Tais-toi ! tu... tu n'as pas le sens commun. Après cet accident funeste, cette distraction impardonnable ou cette inexplicable malice, c'en est fait de toi. Je le connais, je vois d'ici sa fureur; il te renie, il te déshérite. Voilà un lis qui te coûte trois ou quatre cent mille livres de rente!

LA MARQUISE, à part.

Pauvre jeune homme!... et c'est pour moi!... (Haut.) Courez, monsieur Marcel. Allez dire à M. Thierry que c'est moi qui ai fait le mal.

MARCEL.

Vous, madame? Il ne le croira pas.

LA MARQUISE.

C'est pourtant moi. J'ai pris fantaisie de cette fleur, et, sans savoir ce que je faisais... Allez vite, monsieur Marcel, je prends tout sur moi.

JULIEN.

Mais je ne veux pas tromper. .

MARCEL.

Mais, moi qui avais répondu de toi, je ne veux pas être accusé... banni! Diable! non, je suis ici en cause. Je cours, je vole... (Il s'arrête; à part.) Elle n'est pas partie, et je ferai mieux de savoir à quoi m'en tenir. (Il reste derrière la porte en tapisserie.)

JULIEN.

Que Marcel apaise la colère de l'oncle pour son compte, quant à moi, je l'affronterai et j'en porterai la peine. Ah! qu'elle m'eût été douce si...

LA MARQUISE.

Si?...

JULIEN.

Si, au lieu de me refuser avec tant de hauteur, vous eussiez accepté cette humble offrande!

LA MARQUISE.

Une offrande qui vous coûtera peut-être si cher! Tenez, monsieur, ce que vous avez fait là est déraisonnable, et ce que je vais vous dire l'est peut-être aussi... Mais, bien loin de vous traiter avec dédain, comme vous semblez le croire, je me sens émue de votre étourderie... j'y vois une absence... une absence de raison, certainement... mais aussi une absence de calcul... et, que vous soyez blâmable ou non, il m'est impossible de ne pas estimer un caractère qui oublie si facilement ses intérêts pour ne songer qu'au plaisir des autres.

JULIEN.

Si c'était un petit plaisir pour vous que de l'accepter... pourquoi l'avoir refusé si durement?

LA MARQUISE.

Durement! je ne croyais pas...

JULIEN.

Durement ou non, pourquoi le refuser?

LA MARQUISE.

Mon Dieu! il y a des choses que l'usage du monde...

JULIEN.

J'ai un peu vu le monde aussi, moi, madame la marquise. L'esprit et les talents de mon père l'ont fait plus d'une fois rechercher par les grands, et, à ses côtés, tout en me tenant à la place qui appartenait à mon jeune âge, j'ai pu observer ce qui est convenable et ce qui ne l'est pas. Si vous fussiez venue dans l'atelier de mon père, et qu'il vous eût offert cette fleur, vous ne l'eussiez pas refusée.

LA MARQUISE.

Non, sans doute; un vieillard a le droit d'être galant, et il y aurait mauvaise grâce à s'en offenser.

JULIEN.

J'ai donc eu le malheur de vous offenser, moi?

LA MARQUISE.

Mon Dieu! je ne dis pas cela.

JULIEN.

Si fait, j'ai manqué aux usages, j'ai été présomptueux, impertinent...

LA MARQUISE.

Mais... non.

JULIEN.

Pardonnez-moi, puisque vous me chassez de votre voisinage.

LA MARQUISE.

Tenez, monsieur Thierry, il le faut! vous n'êtes pas bien ici; l'isolement, la rêverie... avec une tête vive, on se crée des chimères, on s'attache à des idées... que l'on croit sérieuses et qui ne sont que des fantaisies d'artiste, les élans d'un cœur ignorant de lui-même. Moi, je... je ne sais pourquoi je vous parle de moi... c'est à propos de ce refus qui vous blesse... Je vis dans une grande crainte de moi-même. Je n'aime pas à faire souffrir, j'ai horreur des coquettes; mais je crains aussi que ma loyauté ne soit méconnue et que la plus innocente marque d'abandon ne soit prise pour une légèreté. Je n'accepte les hommages et les bouquets de personne. Je fuis les regards, ma position me commande cette réserve; et ce que je n'ai point accepté de vous, je ne l'eusse point accepté d'un duc et pair, je vous prie d'en être assuré, car c'est la vérité que je vous dis.

JULIEN, saluant.

Adieu donc, madame, et que rien ne trouble la sérénité de votre âme. La mienne se brise... et, puisque je ne dois plus vous voir...

LA MARQUISE.

Eh bien?

JULIEN.

Non, rien, madame. En perdant tout, je ne veux pas perdre le respect que je vous dois.

MARCEL, bas.

Imbécile! si je ne m'en mêle pas... (Haut.) Me voici.

LA MARQUISE.

Ah! Eh bien ?

MARCEL.

Tout est perdu! L'oncle n'a pas cru à ma parole Il ne se connaît plus; il maudit Julien, il le renie... à moins que...

LA MARQUISE.

Que quoi ?

MARCEL.

A moins qu'il n'épouse la présidente.

LA MARQUISE.

Quelle présidente? (Mouvement de Julien pour faire taire Marcel.)

MARCEL.

Non! je la nommerai, pour que madame la marquise soit juge de ta sottise : la présidente de Reuilly!

LA MARQUISE.

Ah! une personne très à la mode, charmante sans être belle, un peu... une femme qui plaît beaucoup. Et pourquoi refuse-t-il un parti si... si flatteur ?

MARCEL.

Parce que monsieur prétend en adorer une autre! et voyez un peu l'absurdité! une autre qui ne l'aime pas, qui méprise les parvenus, qui se trouve trop haut placée pour lui, une autre enfin...

LA MARQUISE.

Que vous connaissez, monsieur Marcel ?

MARCEL.

Non, madame, il ne la nomme pas.

JULIEN.

Je pourrais la nommer à l'univers entier sans la compromettre! Depuis quand une femme de bien est-elle exposée au blâme parce qu'un fou, un malheureux se meurt pour elle? (Mouvement de Marcel.) Tout est fini pour moi. les joies de la jeunesse, les promesses de l'avenir, les triomphes de l'art, les espérances, les illusions, tout! Il est trop tard pour combattre le mal, cette journée le rend incurable. Je n'ai plus qu'à chérir ma blessure, à me laisser consumer par une passion terrible, et à y succomber sans lâcheté. Que l'on me repousse et me dédaigne, que l'on m'abandonne et me maudisse, je garderai, je veux garder pur et sacré ce feu qui m'embrase et me tue! (Il tombe assis, la tête dans ses mains.)

LA MARQUISE, bas, à Marcel.

Son exaltation m'inquiète... Pauvre cœur troublé! il a l'air si bon et si vrai! Consolez-le, monsieur Marcel, dites-lui...

MARCEL.

Que lui dirai-je?

LA MARQUISE.

Ah! vraiment, je ne sais!... Dites lui que sa douleur est digne de pitié... (Haut.) Mon Dieu! que voulez-vous qu'on dise? que pourrait-on conseiller à celle qui est aimée ainsi? est-elle libre de tout contrôle? n'a-t-elle personne à ménager? et si, comme il le dit, elle est sans tache, ne doit-elle pas être jalouse de mériter le respect qui l'entoure? Que penserait-on d'elle si elle encourageait les espérances d'un homme qu'elle ne connaît pas? et, pour le connaître, comment voulez-vous qu'elle s'y prenne? L'admettra-t-elle dans son intimité, elle qui n'y a jamais admis aucun autre? Elle doit le plaindre, sans doute... et peut-être qu'elle le plaint beaucoup, car elle doit être bonne; il ne l'aimerait pas vaniteuse, insolente ou prude .. Mais je crois qu'elle fera l'effort de le décourager, dût-elle... (A part.) Ah! cela est cruel! et mon cœur est ici d'une faiblesse que je ne puis plus cacher! (Elle sort en cachant son visage dans son mouchoir.)

SCÈNE VII.

JULIEN, MARCEL.

MARCEL.

Réveille-toi, essuie tes yeux. La partie est gagnée.

JULIEN.

Ah! laisse-moi. Je suis brisé, Marcel.

MARCEL.

Mais tu ne comprends donc pas? L'oncle ne sait rien de l'accident arrivé à son lis, je n'ai pas été chez lui, je suis resté là, j'ai entendu, je suis rentré à point, et j'ai tout sauvé en parlant de la présidente. Sans mon aide et sans l'à-propos, jamais tu n'aurais osé faire ta déclaration, et c'est à moi que tu dois ce morceau d'éloquence qui a porté coup.

JULIEN.

Tu déraisonnes!

MARCEL.

Non pas! c'est toi, tu es aveugle; l'oncle...

JULIEN.

Ah! de quoi me parles-tu? Il s'agit bien...

MARCEL.

Il s'agit de ça avant tout. Sois aimé de la marquise pour hériter; hérite pour épouser la marquise!

JULIEN.

La marquise est au-dessus...

MARCEL.

De toute cupidité, je le sais; mais le monde, qui la condamnerait si elle épousait un pauvre peintre, l'absoudra si elle épouse un honnête millionnaire. Et toi-même, oserais-tu accepter sa main, si tu n'avais que privation et misère à lui offrir? Non, va, les mariages d'amour sont une belle chose, je n'en disconviens pas : j'aime ma femme, je travaille, elle épargne, ça nous occupe et nous lie. Mais, quand on est l'époux d'une marquise, il faut pouvoir la dispenser de l'économie, qui serait pour elle un supplice et une honte. Il faut l'entourer de bien-être et de dignité, il faut être riche, c'est moi qui te le dis, et tu es riche, j'en réponds. Avant trois jours, l'oncle et moi ferons si bien, que la marquise écoutera les propositions qu'elle a rejetées ce matin.

JULIEN.

Que dis-tu? tu as osé...?

MARCEL.

Elle ne sait pas encore que je lui parlais de toi. Elle t'aime aujourd'hui misérable... demain, elle te pardonnera de ne plus l'être !

JULIEN.

Tu mens !... elle ne m'aime pas!

MARCEL.

Attends!... Elle n'est pas loin, va! elle est affreusement inquiète; elle pleurait tout à l'heure.

JULIEN.

Elle pleurait?

MARCEL.

Elle regarde par ici... oui, oui, elle craint ton désespoir.

JULIEN.

Que veux-tu faire?

MARCEL.

Une épreuve. (Très-haut, près de la fenêtre.) Au diable la maudite fleur! au diable les grandes passions qui rendent fou, et les grandes dames qui s'en moquent! Viens, partons, je ne veux pas que tu restes ici un jour de plus, tu mourrais! Allons, viens, je le veux! (Il ouvre et ferme la porte de côté avec bruit, il pousse Julien derrière un chevalet et se dissimule dans un autre coin.)

JULIEN, bas.

Comment! tu veux, tu crois...?

MARCEL.

Obéis, vite!

JULIEN.

Je tremble.

MARCEL.

Silence!

SCÈNE VIII.

LES MÊMES, LA MARQUISE.

LA MARQUISE.

Parti ! pour toujours, peut-être! je ne le verrai plus!... Ah ! pourquoi l'ai-je vu? (Elle prend le lis.) Pauvre fleur! Pauvre Julien! Ah! mais qu'est-ce que j'ai donc, moi? Mon cœur se brise! Il était heureux ici, heureux de m'aimer! et c'est moi qui le chasse, c'est moi qui le tue!... non ! c'est impossible !... mais que faire? Je ne peux pas courir après lui !... Ah! je vais lui écrire... lui écrire quoi? (Écrivant.) « Monsieur. . » Non ! « Julien ! » Tant pis, Julien tout court! « J'emporte le lis et je l'accepte ! » (Elle baise le lis.)

JULIEN, tombant à ses pieds.

Ah ! merci !

LA MARQUISE.

Julien !

MARCEL, à part.

Allons, allons, un ami heureux, une cousine marquise... et mon étude payée !

FIN.

PARIS. — J. CLAYE, IMPRIMEUR, RUE SAINT-BENOIT, 7.

CATALOGUE

DE

MICHEL LÉVY

FRÈRES

LIBRAIRES ÉDITEURS

ET DE

LA LIBRAIRIE NOUVELLE

PREMIÈRE PARTIE

Nouveaux ouvrages en vente. — Ouvrages divers, format in-8°.
Bibliothèque contemporaine, format gr. in-18. — Bibliothèque nouvelle.
Œuvres complètes de Balzac. — Collection Michel Lévy, form. gr. in-18.
Collection format in-32. — Collection à 50 centimes.
Musée littéraire contemporain, in-4°. — Brochures diverses.
Ouvrages divers.

Tous les ouvrages portés sur ce Catalogue sont expédiés *franco* (contre mandats ou timbres-poste), sans augmentation de prix, excepté les volumes à 1 fr. de la Collection Michel Lévy, auxquels il faut ajouter 25 cent. par volume.

RUE VIVIENNE, 2 BIS
ET BOULEVARD DES ITALIENS, 15
AU COIN DE LA RUE DE GRAMMONT
PARIS

AOUT — 1866

NOUVEAUX OUVRAGES EN VENTE

Format in-8

	f. c.
M. GUIZOT	
MÉDITATIONS SUR L'ÉTAT ACTUEL DE LA RELIGION CHRÉTIENNE. 1 vol. . .	6 »
MÉMOIRES POUR SERVIR A L'HISTOIRE DE MON TEMPS. T. VII. 1 vol. . .	7 50
A. DE LAMARTINE	
VIE DE CÉSAR. 1 vol.	5 »
ERNEST RENAN	
LES APOTRES. 1 vol.	7 50
F. PONSARD	
ŒUVRES COMPLÈTES. 2 vol.	15 »
ALEXANDRE DUMAS FILS	
AFFAIRE CLÉMENCEAU. — Mémoire de l'accusé. — 3e *édition*. 1 vol. . .	6 »
THOMAS ERSKINE MAY *Traduction Cornélis de Witt*	
HISTOIRE CONSTITUTIONNELLE DE L'ANGLETERRE (1760-1860), précédée d'une introduction. 2 vol.	12 »
ALEXIS DE TOCQUEVILLE	
ÉTUDES ÉCONOMIQUES, POLITIQUES ET LITTÉRAIRES (t. 9 des OEuv. complètes). 1 vol.	6 »
LE PRINCE L. CZARTORYSKI	
ALEXANDRE Ier ET LE PRINCE CZARTORYSKI. Correspondance particulière et conversations publiées avec une introduction. 1 vol.	7 50
MICHEL NICOLAS	
ÉTUDES SUR LES ÉVANGILES APOCRYPHES 1 vol	7 50
A. KUENEN *Traduction A. Pierson*	
HISTOIRE CRITIQUE DES LIVRES DE L'ANCIEN TESTAMENT, avec une préface *d'Ernest Renan*. 1re partie.— Livres historiques. 1 vol.	7 50
AD. FRANCK	
RÉFORMATEURS ET PUBLICISTES DE L'EUROPE. Moyen-âge et renaissance. 1 vol.	7 50
LORD MACAULAY *Traduction Guillaume Guizot*	
ESSAIS SUR L'HISTOIRE D'ANGLETERRE. 1 vol	6 »
L. DE VIEL-CASTEL	
HISTOIRE DE LA RESTAURATION. tome IX. 1 vol.	6 »
DUVERGIER DE HAURANNE	
HISTOIRE DU GOUVERNEMENT PARLEMENTAIRE EN FRANCE (1814-1848). Tome VII. 1 vol.	7 50

Format gr. in-18 à 3 fr. le vol.

	vol.
GEORGE SAND	
MONSIEUR SYLVESTRE. 1 vol.	1
MARIO UCHARD	
UNE DERNIÈRE PASSION.	1
DANIEL STERN	
NÉLIDA.	1
PRÉVOST-PARADOL *de l'Académie française*	
QUELQUES PAGES D'HISTOIRE CONTEMPORAINE. Lettres politiques, 3e *série* .	1
ERNEST FEYDEAU	
DU LUXE, DES FEMMES, DES MŒURS, DE LA LITTÉRATURE ET DE LA VERTU	1
L'AUTEUR DU PÉCHÉ DE MADELEINE	
FLAMEN	1
LA COMTESSE DASH	
LE ROMAN D'UNE HÉRITIÈRE.	1
AURÉLIEN SCHOLL	
HÉLÈNE HERMANN. Histoire d'un premier amour	1
EDMOND SCHÉRER	
ÉTUDES SUR LA LITTÉRATURE. 3e *série*.	1
THÉOPHILE GAUTIER	
LA BELLE JENNY.	1
JULES NORIAC	
LE CAPITAINE SAUVAGE.	1
L'AUTEUR DES HORIZONS PROCHAINS	
CAMILLE. 2e édition.	1
HENRI RIVIÈRE	
LE CACIQUE.	1
ARSÈNE HOUSSAYE	
LES AVENTURES GALANTES DE MARGOT .	1
CHARLES MONSELET	
LA FIN DE L'ORGIE.	1
MÉRY	
LA VÉNUS D'ARLES.	1
ÉDOUARD OURLIAC	
THÉATRE DU SEIGNEUR CROQUIGNOLE. .	1
PROSPER MÉRIMÉE *de l'Académie française*	
LES COSAQUES D'AUTREFOIS.	1
CUVILLIER-FLEURY *de l'Académie française*	
ÉTUDES ET PORTRAITS.	1
A. DE PONTMARTIN	
ENTRE CHIEN ET LOUP. 2e édition. . .	1
C.-A. SAINTE-BEUVE *de l'Académie française*	
NOUVEAUX LUNDIS. Tome 5.	1
HENRI HEINE	
DRAMES ET FANTAISIES.	1
ALEXANDRE DUMAS	
THÉATRE COMPLET. Tome XIV et dernier	1

OUVRAGES DIVERS

Format In-8

J.-J. AMPÈRE — f. c.

CÉSAR, Scènes historiques. 1 vol. . 7 50
L'HISTOIRE ROMAINE A ROME, avec des plans topographiques de Rome à diverses époques. 2e *édit.* 4 vol. 30 »
L'EMPIRE ROMAIN A ROME. 2 vol. . 15 »
MÉLANGES LITTÉRAIRES (*S. presse*) 2 v. 12 »
PROMENADE EN AMÉRIQUE. — États-Unis, Cuba, Mexique. 3e *édit.* 2 v. 12 »
VOYAGE EN ÉGYPTE ET EN NUBIE (*Sous presse*). 1 vol. 7 50

***

MAD. LA DUCH. D'ORLÉANS. 6e *éd.* 1 v. 6 »

***

ALESIA. Étude sur la septième campagne de César en Gaule. Avec 2 cartes (Alise et Alaise). 1 vol. 6 »

***

L'ANGLETERRE, études sur le Self-Government. 1 vol. . . . . 5 »

J. AUTRAN

LE CYCLOPE, d'après Euripide. 1 vol. 3 »
LE POÈME DES BEAUX JOURS. 1 vol. . 5 »

J. BARTHÉLEMY SAINT-HILAIRE

LETTRES SUR L'ÉGYPTE. 1 vol. . . . 7 50

L. BABAUD-LARIBIÈRE

ÉTUDES HIST. ET ADMINISTR. 2 vol. 12 »

L. BAUDENS

Memb. du conseil de santé des armées

LA GUERRE DE CRIMÉE. — Les campements, les abris, les ambulances, les hôpitaux, etc. 1 vol. . . . . 6 »

IS. BÉDARRIDE

LES JUIFS EN FRANCE, EN ITALIE ET EN ESPAGNE. 2e *édition, revue et corrigée*. 1 vol. 7 50

LA PRINCESSE DE BELGIOJOSO

ASIE-MINEURE ET SYRIE. Souvenirs de Voyage. 1 vol. 7 50
HIST. DE LA MAISON DE SAVOIE. 1 v. 7 50

J.-B. BIOT *de l'Acad. des Sc. et de l'Ac. fr.*

ÉTUDES SUR L'ASTRONOMIE INDIENNE ET SUR L'ASTRONOMIE CHINOISE. 1 v. 7 50
MÉLANGES SCIENTIFIQUES ET LITTÉRAIRES. 3 vol. 22 50

CORNELIUS DE BOOM

UNE SOLUT. POLIT. ET SOCIALE. 1 vol. 6 »

FRANÇOIS DE BOURGOING

HISTOIRE DIPLOMATIQUE DE L'EUROPE PENDANT LA RÉVOL. FRANÇAISE. 1 v. 7 50

M.-L. BOUTTEVILLE

LA MORALE DE L'ÉGLISE ET LA MORALE NATURELLE. 1 vol. 7 50

LE PRINCE A. DE BROGLIE — f. c.

QUESTIONS DE RELIGION ET D'HISTOIRE. 2 vol. . . . . 15 »

CAMOIN DE VENCE

MAGISTRATURE FRANÇAISE, son action et son influence sur l'état de la société aux diverses époques. 1 vol. 6 »

AUGUSTE CARLIER

DE L'ESCLAVAGE dans ses rapports avec l'Union américaine. 1 vol. . 6 »
HISTOIRE DU PEUPLE AMÉRICAIN. — États-Unis — et de ses rapports avec les Indiens. 2 vol.. . . . . 12 »

J. COHEN

LES DÉICIDES. Examen de la Vie de Jésus et des développements de l'Église chrétienne dans leurs rapports avec le judaïsme. 2e *édit. revue, corrigée*. 1 vol.. . . . . 6 »

A. DE COSTER

LÉGENDES FLAMANDES. 1 vol. . . . 6 »

J.-J. COULMANN

RÉMINISCENCES. 2 vol.. . . . . . 10 »

VICTOR COUSIN *de l'Acad. française*

PHILOSOPHIE DE KANT. 1 vol. . . . 5 »
PHILOSOPHIE ÉCOSSAISE. 1 vol. . . 5 »

J. CRETINEAU-JOLY

LE PAPE CLÉMENT XIV, lettre au Père Theiner. 1 vol.. . . . . 3 »

A. BEN-BARUCH CRÉHANGE

LES PSAUMES, traduct. nouv. 1 vol. 10 »

LE PRINCE L. CZARTORYSKI

ALEXANDRE Ier ET LE PRINCE CZARTORYSKI. Correspondance particulière et conversations, publiées avec une Introduction. 1 vol. . . 7 50

LE GÉNÉRAL E. DAUMAS

LE GRAND DÉSERT : Itinéraire d'une Caravane du Sahara au pays des Nègres (royaume de Haoussa), suivi d'un Vocabulaire d'histoire naturelle et du code de l'esclavage chez les musulmans, avec une carte coloriée. *Nouv. édition*. 1 vol. . 6 »

MARIA DERAISME

LE THÉATRE CHEZ SOI. 1 vol. . . . 6 »

CH. DESMAZE

LE PARLEMENT DE PARIS. 1 vol. . . 5 »

CAMILLE DOUCET

COMÉDIES EN VERS. 2 vol . . . . . 12 »

MAXIME DU CAMP

LES CONVICTIONS. 1 vol. . . . . . 5 »

f. c.

A. DU CASSE

DU SOIR AU MATIN. Scènes de la vie militaire. 1 vol. . . . . . . 5 »

Mme DU DEFFAND

CORRESPONDANCE COMPLÈTE AVEC LA DUCHESSE DE CHOISEUL, L'ABBÉ BARTHÉLEMY ET M. CRAUFURT. Nouvelle édit., revue et augm. avec introd. par *M. de Sainte-Aulaire.* 3 v. 22 50

ALEXANDRE DUMAS FILS

AFFAIRE CLÉMENCEAU. — Mémoire de l'accusé. — 3e *édition.* 1 vol. . . 6 »

DUMONT DE BOSTAQUET

MÉMOIRES INÉDITS, publiés par *Ch. Read et Fr. Waddington.* 1 v. 7 50

CHARLES DUVEYRIER

L'AVENIR ET LES BONAPARTE. 1 vol. . 6 »

DUVERGIER DE HAURANNE

HISTOIRE DU GOUVERNEMENT PARLEMENTAIRE EN FRANCE (1814-1848). 7 vol. 52-50

LE BARON ERNOUF

HIST. DE LA DERNIÈRE CAPITULATION DE PARIS. Événem. de 1815. 1 vol. 6 »

LE PRINCE EUGÈNE

MÉMOIRES ET CORRESPONDANCE POLITIQUE ET MILITAIRE, publiés par *A. Du Casse.* 10 vol. . . . 60 »

J. FERRARI

HISTOIRE DE LA RAISON D'ÉTAT. 1 v. 7 50

GUSTAVE FLAUBERT

SALAMMBO. 4e *édition.* 1 vol. . . . 6 »

A. DE FLAUX

SONNETS. 1 vol. . . . . 5 »

LE COMTE DE FORBIN

CHARLES BARIMORE. *N. édition.* 1 vol. 3 »

AD. FRANCK *de l'Institut*

ÉTUDES ORIENTALES. 1 vol. 7 50

RÉFORMATEURS ET PUBLICISTES DE L'EUROPE. Moyen-âge et Renaiss. 1 vol. 7 50

H. GACHARD

DON CARLOS ET PHILIPPE II. 2e édit. 1 vol. 7 50

G. GANESCO

DIPLOMATIE ET NATIONALITÉ. 1 vol. . 2 »

Cte AGÉNOR DE GASPARIN

L'AMÉRIQUE DEVANT L'EUROPE. 1 vol. 6 »

UN GRAND PEUPLE QUI SE RELÈVE, LES ÉTATS-UNIS EN 1861. 1 vol. . 5 »

G.-G. GERVINUS

Trad. J.-F. Minssen et L. Syouk.

INSURRECTION ET RÉGÉNÉRATION DE LA GRÈCE. 2 vol. . . . . 16 »

f. c.

ÉMILE DE GIRARDIN

QUESTIONS DE MON TEMPS. 12 vol. . 72 »

ÉDOUARD GOURDON

HISTOIRE DU CONGRÈS DE PARIS. 1 vol. 5 »

ERNEST GRANDIDIER

VOYAGE DANS L'AMÉRIQUE DU SUD. 1 v. 5 »

F. GUIZOT

LA CHINE ET LE JAPON, par *Laurence Oliphant.* Trad. nouv. 2 v. 12 »

L'ÉGLISE ET LA SOCIÉTÉ CHRÉTIENNES. 4e *édition.* 1 vol. . . . . 5 »

HISTOIRE DE LA FONDATION DE LA RÉPUBLIQUE DES PROVINCES-UNIES, par *J. Lothrop Motley,* trad. nouvelle, précédée d'une grande introduction (l'*Espagne et les Pays-Bas aux* XVIe *et* XIXe *siècles*). 4 vol. . 24 »

HISTOIRE PARLEMENTAIRE DE FRANCE. Recueil complet des discours de M. Guizot dans les Chambres, de 1819 à 1848, accompagnés de résumés historiques et précédés d'une introduction ; formant le complément des *Mémoires pour servir à l'histoire de mon temps.* 5 vol. 37 50

MÉDITATIONS SUR L'ESSENCE DE LA RELIGION CHRÉTIENNE. 1 vol. . . 6 »

MÉDITATIONS SUR L'ÉTAT ACTUEL DE LA RELIGION CHRÉTIENNE. 1 vol. . 6 »

MÉMOIRES pour servir à l'histoire de mon temps. 2e *édition.* 7 vol. . 52 50

LE PRINCE ALBERT, son caractère et ses discours, traduit par ***, et précédé d'une préface. 1 vol. . . 6 »

WILLIAM PITT ET SON TEMPS, par *lord Stanhope,* traduction précédée d'une introduction. 4 vol. . . . . 24 »

ROBERT HOUDIN

TRICHERIES DES GRECS DÉVOILÉES. 1 v. 5 »

ARSÈNE HOUSSAYE

MADEMOISELLE CLÉOPATRE. 7e *éd.* 1 v. 6 »

VICTOR HUGO

LA LÉGENDE DES SIÈCLES. 2 vol. . . 15 »

VICTOR JACQUEMONT

CORRESPONDANCE INÉDITE avec sa famille, ses amis, et les professeurs du Muséum d'histoire naturelle, pendant ses voyages à Saint-Domingue et dans l'Inde, 1825-1832, précédée d'une notice par *V. Jacquemont neveu,* et d'une introduction de *Pr. Mérimée.* 2 vol.. 12 »

PAUL JANET

PHILOSOPHIE DU BONHEUR. 2e *édit.* 1 v. 7 50

JULES JANIN

LES GAÎTÉS CHAMPÊTRES. 2 vol. . . 12 »

LA RELIGIEUSE DE TOULOUSE. 2 vol. 12 »

ALPHONSE JOBEZ f. c.

LA FEMME ET L'ENFANT. 1 vol. . . . 5 »

***

ÉTUDES SUR LA MARINE : L'escadre de la Méditerranée. — La Question chinoise. — La Marine à vapeur dans les guerres continentales. 1 vol. 7 50

A. KUENEN — *Trad. A. Pierson*

HISTOIRE CRITIQUE DES LIVRES DE L'ANCIEN TESTAMENT, avec une préface par *Ernest Renan*. 1 vol. . 7 50

LAMARTINE

ANTONIELLA. 1 vol. . . . . 6 »
GENEVIÈVE. Hist. d'une Servante. 1 vol. . 5 »
NOUVELLES CONFIDENCES. 1 vol. . . 5 »
TOUSSAINT LOUVERTURE. 1 vol. . . . 5 »
VIE DE CÉSAR. 1 vol. . . . . . . 5 »

CHARLES LAMBERT

L'IMMORTALITÉ SELON LE CHRIST. 1 v. 7 50
LE SYSTÈME DU MONDE MORAL. 1 vol. 7 50

DE LAROCHEFOUCAULD (duc de Doudeauville)

MÉMOIRES. 15 vol. 112 50

JULES DE LASTEYRIE

HISTOIRE DE LA LIBERTÉ POLITIQUE EN FRANCE. 1re *Partie*. 1 vol. . 7 50

DE LATENA

ÉTUDE DE L'HOMME. 3e *édit*. 1 vol. 7 50

LATOUR DE SAINT-YBARS

VIE DE NÉRON. 1 vol. 7 50

LÉONCE DE LAVERGNE

LES ASSEMBLÉES PROVINCIALES SOUS LOUIS XVI. 1 vol. 7 50

JULES LE BERQUIER

LA COMMUNE DE PARIS. 1 vol. . . . 3 »

VICTOR LE CLERC ET ERNEST RENAN

HISTOIRE LITTÉRAIRE DE LA FRANCE AU XIVe SIÈCLE. 2 vol. . . . . . 16 »

CHARLES LENORMANT

BEAUX-ARTS ET VOYAGES, précédés d'une lettre de *M. Guizot*. 2 vol. 15 »

L. DE LOMÉNIE

BEAUMARCHAIS ET SON TEMPS. Études sur la Société en France au XVIIIe siècle. 2e *édition*. 2 vol. . . . . 15 »

LORD MACAULAY *Traduct. G. Guizot*

ESSAIS HIST. ET BIOGRAPHIQUES. 2 v. 12 »
—POLIT. ET PHILOSOPHIQUES. 1 vol. 6 »
—LITTÉRAIRES. 1 vol. . . . . . 6 »
—SUR L'HIST. D'ANGLETERRE. 1 vol. 6 »

JOSEPH DE MAISTRE

CORRESPONDANCE DIPLOMATIQUE (1811-1817), publiée par *A. Blanc*. 2 vol. 15 »
MÉMOIRES POLITIQUES ET CORRESPONDANCE DIPLOMATIQUE, avec explications, etc., par *Albert Blanc*. 1 v. 6 »

LE COMTE DE MARCELLUS f. c.

CHATEAUBRIAND ET SON TEMPS. 1 vol. 7 50
LES GRECS ANCIENS ET LES GRECS MODERNES. Études littér. 1 vol. . 7 50
SOUVENIRS DIPLOMATIQUES. Correspondance intime de M. de Chateaubriand. *Nouv. édition*. 1 vol. . 5 »
VINGT JOURS EN SICILE. 1 vol. . . . 5 »

J. MARTIN PASCHOUD

LIBERTÉ, VÉRITÉ, CHARITÉ. 1/2 vol. . 2 »

LE DOCTEUR FÉLIX MAYNARD

SOUVENIRS D'UN ZOUAVE DEVANT SÉBASTOPOL. 2 vol. . . . . 6 »

J.-H. MERLE D'AUBIGNÉ

HISTOIRE DE LA RÉFORMATION EN EUROPE AU TEMPS DE CALVIN. 3 vol. 22 50

MÉRY

NAPOLÉON EN ITALIE. Poëme. 1 vol. . 5 »

LE COMTE MIOT DE MÉLITO

Ancien ambassadeur, ministre, conseiller d'État et membre de l'Institut

SES MÉMOIRES, publiés par sa famille (1788-1815). 3 vol. . . . . . 18 »

Mme A. MOLINOS-LAFITTE

SOLITUDES. 2e *édition*. 1 vol. . . 5 »

LE COMTE DE MONTALIVET

LE ROI LOUIS-PHILIPPE (liste civile). *Nouv. édit., entièrement revue et consid. augm. de notes, pièces, etc., avec portrait et fac-simile du roi, le plan du château de Neuilly*. 1 v. 6 »

MORTIMER-TERNAUX

HISTOIRE DE LA TERREUR. (1792-1794), d'après des documents authentiques et inédits. Tome I à IV. 4 vol. 24 »

LE BARON DE NERVO

LES BUDGETS DE LA FRANCE ET DE L'ANGLETERRE. 1 vol. 7 50
LES FINANCES FRANÇAISES SOUS L'ANCIENNE MONARCHIE, LA RÉPUBLIQUE, LE CONSULAT ET L'EMPIRE. 2 vol. . 15 »
LES FINANCES FRANÇAISES SOUS LA RESTAURATION. 1 vol. 7 50

MICHEL NICOLAS

DES DOCTRINES RELIGIEUSES DES JUIFS pendant les deux siècles antérieurs à l'Ère chrétienne. 1 vol. 7 50
ESSAIS DE PHILOSOPHIE ET D'HISTOIRE RELIGIEUSE. 1 vol. 7 50
ÉTUDES CRITIQUES SUR LA BIBLE. Ancien Testament. 1 vol. 7 50
ÉTUDES CRITIQUES SUR LA BIBLE. Nouveau Testament. 1 vol 7 50
ÉTUDES SUR LES ÉVANGILES APOCRYPHES. 1 vol. 7 50

CHARLES NISARD

LES GLADIATEURS DE LA RÉPUBLIQUE DES LETTRES. 2 vol. . . . . . . 15 »

CASIMIR PERIER f. c.

LES FINANCES DE L'EMPIRE. 1/2 vol. . 1 »
LES FINANCES ET LA POLITIQUE. 1 vol. 5 »
LE TRAITÉ AVEC L'ANGLETERRE. 2e *édit. rev. et augm.* 1/2 vol. . 1 50

GEORGES PERROT

SOUVENIRS D'UN VOYAGE EN ASIE-MINEURE. 1 vol. 7 50

A. PEYRAT

HISTOIRE ÉLÉMENTAIRE ET CRITIQUE DE JÉSUS, 3e *édition*. 1 vol. . . . 7 50

A. PHILIPPE

ROYER-COLLARD. Sa vie publique, sa vie privée, sa famille. 1 vol. . . 5 »

L'ABBÉ PIERRE

CONSTANTINOPLE, JÉRUSALEM ET ROME, *avec un plan de Jérusalem et une carte des côtes orientales de la Méditerranée*. 2 vol. . . . . . 15 »

F. PONSARD *de l'Académie française*

ŒUVRES COMPLÈTES. 2 vol. . . . . 15 »

LE COMTE DE PONTÉCOULANT

SOUVENIRS HISTORIQUES ET PARLEMENTAIRES, extraits de ses papiers et de sa corresp. (1764-1848). 4 vol. 24 »

PRÉVOST-PARADOL

de l'Académie française

ÉLISABETH ET HENRI IV (1595-1598). 2e *édition*. 1 vol. . . . . 6 »
ESSAIS DE POLITIQUE ET DE LITTÉRATURE. 2e *édition*. 1 vol. . . 7 50
NOUVEAUX ESSAIS DE POLITIQUE ET DE LITTÉRATURE. 1 vol. 7 50
ESSAIS DE POLITIQUE ET DE LITTÉRATURE. 3e série. 1 vol. 7 50

EDGAR QUINET

HISTOIRE DE LA CAMPAGNE DE 1815. 1 vol. *avec une carte*. 7 50
MERLIN L'ENCHANTEUR. 2 vol. . . 15 »

JOSEPH DE RAINNEVILLE

LA FEMME DANS L'ANTIQUITÉ ET D'APRÈS LA MORALE NATURELLE. 1 vol. 7 50

Mme RÉCAMIER

SOUVENIRS ET CORRESPONDANCE tirés de ses papiers. 3e *édition*. 2 vol. 15 »
COPPET ET WEIMAR — MADAME DE STAEL ET LA GRANDE-DUCHESSE LOUISE. Récits et Correspondances, par l'auteur des *Souvenirs de Madame Récamier*. 1 vol. . . 7 50

CH. DE RÉMUSAT f. c.

de l'Académie française

POLITIQUE LIBÉRALE, ou Fragments pour servir à la défense de la révolution française. 1 vol. 7 50

ERNEST RENAN

LES APOTRES. 1 vol. 7 50
AVERROÈS ET L'AVERROÏSME, essai historique. 2e *édition*. 1 vol. . . . 7 50
LE CANTIQUE DES CANTIQUES, traduit de l'hébreu, avec une étude sur le plan, l'âge et le caractère du poëme. 2e *édition*. 1 vol. . . . . 6 »
LA CHAIRE D'HÉBREU AU COLLÉGE DE FRANCE. 3e *édit*. Brochure. . . . 1 »
DE L'ORIGINE DU LANGAGE. 4e *édition*. 1 vol. . . . . 6 »
DE LA PART DES PEUPLES SÉMITIQUES DANS L'HISTOIRE DE LA CIVILISATION. 5e *édit*. Brochure. . 1 »
ESSAIS DE MORALE ET DE CRITIQUE. 3e *édition*. 1 vol. 7 50
ÉTUDES D'HISTOIRE RELIGIEUSE. 6e *édition*. 1 vol. 7 50
HISTOIRE GÉNÉRALE DES LANGUES SÉMITIQUES. 4e *édition revue et augmentée*. 1 vol . . . . 12 »
HISTOIRE LITTÉRAIRE DE LA FRANCE AU XIVe SIÈCLE. 2 vol. . . . . . 16 »
LE LIVRE DE JOB, traduit de l'hébreu, avec une étude sur l'âge et le caractère du poëme. 3e *édition*. 1 vol. 7 50
VIE DE JÉSUS. 12e *édition*. 1 vol. . . 7 50

D. JOSÉ GUELL Y RENTÉ

CONSIDÉRATIONS POLITIQUES ET LITTÉRAIRES. 1 vol. . . . . 5 »
PENSÉES CHRÉTIENNES, POLITIQUES ET PHILOSOPHIQUES. 1 vol. . . . 5 »

LOUIS REYBAUD *de l'Institut*

ÉCONOMISTES MODERNES. 1 vol. . . 7 50
ÉTUDES SUR LE RÉGIME DES MANUFACTURES. — La soie. 1 vol. . . 7 50
LE COTON. Son régime, ses problèmes, son influence en Europe. 1 vol. 7 50
LA LAINE. 3e série des *Études sur le régime des manufactures*. 1 vol. 7 50

LE COMTE R. R.

LA JUSTICE ET LA MONARCHIE POPULAIRE. 1re *partie* : La Guerre d'Orient. 1 vol. . . . . 3 »

H. RODRIGUES

LES TROIS FILLES DE LA BIBLE. 1re aux Israélites. Brochure. . . 1 »
2e aux Israélites. — 3e aux Chrétiens — 4e aux Protestants. 1 vol. 5 »
5e aux Philosophes. 1 vol. . . . 2 »
6e aux Mahométans — 7e spéciale aux Catholiques. 1 vol. . . . . 3 »

J.-J. ROUSSEAU f. c.

ŒUVRES ET CORRESPONDANCE INÉDITES, publiées par *M. Streckeisen-Moultou*. 1 vol. 7 50

J.-J. ROUSSEAU, SES AMIS ET SES ENNEMIS. Corresp. publ. par *M. Streckeisen-Moultou*, avec introd. de *M. J. Levallois* et une apprécial. crit. de *M. Sainte-Beuve*. 2 vol. 15 »

LE MARÉCHAL DE SAINT-ARNAUD

LETTRES. avec pièces justificatives. 2e *édit.*; une notice de *M. Sainte-Beuve*. 2 vol. ornés du portrait et d'un autographe. . . . . . . 12 »

SAINTE-BEUVE *de l'Acad. française*

POÉSIES COMPLÈTES — JOSEPH DELORME — LES CONSOLATIONS — PENSÉES D'AOUT. *N. édition*. 2 vol. 10 »

SAINT-MARC GIRARDIN *de l'Acad. fr.*

SOUVENIRS ET RÉFLEXIONS POLITIQUES D'UN JOURNALISTE. 1 vol. . . 7 50

LA FONTAINE ET LES FABULISTES. 2 vol. 15 »

SAINT-RENÉ TAILLANDIER

ÉTUDES SUR LA RÉVOLUTION EN ALLEMAGNE. 2 vol. . . . . 15 »

MAURICE DE SAXE. Étude historique d'après des documents inédits. 1 vol. 7 50

J. SALVADOR

HISTOIRE DES INSTITUTIONS DE MOÏSE ET DU PEUPLE HÉBREU. 3e *édition, revue et augmentée*. 2 vol. . 15 »

JÉSUS-CHRIST ET SA DOCTRINE. Histoire de la naissance de l'Église et de ses progrès pendant le premier siècle. *Nouv. édit. augment.* 2 v. 15 »

PARIS, ROME, JÉRUSALEM. Question religieuse au XIXe siècle. 2 vol. . 15 »

MAURICE SAND

RAOUL DE LA CHASTRE. 1 vol. . . . 6 »

SANTIAGO ARCOS

LA PLATA. Étude historique. 1 vol. 10 »

EDMOND SCHERER

MÉLANGES D'HISTOIRE RELIGIEUSE. 1 v. 7 50

DE SÉNANCOUR

RÊVERIES. 3e *édition*. 1 vol. . . 5 »

JAMES SPENCE

L'UNION AMÉRICAINE. 1 vol. . . . . 6 »

A. DE TOCQUEVILLE

ŒUVRES COMPLÈTES

L'ANCIEN RÉGIME ET LA RÉVOLUTION. 4e *édition*. 1 vol. . . . . 6 »

DE LA DÉMOCRATIE EN AMÉRIQUE. *Nouvelle édition*. 3 vol. . . . . 18 »

ÉTUDES ÉCONOMIQUES, POLITIQUES ET LITTÉRAIRES. 1 vol. . . . . 6 »

A. DE TOCQUEVILLE (*Suite*) fr. c.

MÉLANGES. Fragments historiques et Notes. 1 vol. . . . . 6 »

ŒUVRES ET CORRESPONDANCE INÉDITES. Introd. de *M. G. de Beaumont* 2 v. 15 »

NOUVELLE CORRESPONDANCE, entièrement inédite. 1 vol. . . . . 6 »

E. DE VALBEZEN

LES ANGLAIS ET L'INDE, avec notes, etc. 3e *édition*. 1 vol. 7 50

OSCAR DE VALLÉE

ANTOINE LEMAISTRE ET SES CONTEMPORAINS. 2e *édition*. 1 vol. . 7 50

LE DUC D'ORLÉANS ET LE CHANCELIER D'AGUESSEAU. 1 vol. 7 50

LE DUC DE VALMY

LE PASSÉ ET L'AVENIR DE L'ARCHITECTURE. 1 vol. . . . . 5 »

PAUL VARIN

EXPÉDITION DE CHINE. 1 vol. . . . . 5 »

LE DOCTEUR L. VÉRON

QUATRE ANS DE RÈGNE. OU EN SOMMES-NOUS? 1 vol. . . . . . . 5 »

LOUIS DE VIEL-CASTEL

HISTOIRE DE LA RESTAURATION. 9 vol. 54 »

ALFRED DE VIGNY *de l'Acad. franç.*

ŒUVRES COMPLÈTES (nouvelle édition)

CINQ-MARS. Avec autographes de Richelieu et de Cinq-Mars. 1 vol. . . 5 »

LES DESTINÉES. Poëmes philos. 1 vol. 6 »

POÉSIES COMPLÈTES. 1 vol. . . . . . 5 »

SERVITUDE ET GRANDEUR MILITAIRES. 1 vol. . . . . 5 »

STELLO. 1 vol. . . . . 5 »

THÉATRE COMPLET. 1 vol. . . . . . 5 »

VILLEMAIN *de l'Académie française*

LA TRIBUNE MODERNE :

1re PARTIE. — M. DE CHATEAUBRIAND, sa vie, ses écrits, son influence litt. polit. sur son temps. 1 v. 7 50

2e PARTIE (*Sous presse*). 1 vol. 7 50

L. VITET *de l'Académie française*

L'ACADÉMIE ROYALE DE PEINTURE ET DE SCULPTURE. Étude hist. 1 vol. 6 »

LE LOUVRE. Étude historique, *revue et augmentée* (*Sous pr.*). 1 vol. 6 »

CORNELIS DE WITT

L'ANGLETERRE POLITIQUE ET RELIGIEUSE (1815-1860). 2 vol. . . 12 »

HISTOIRE CONSTITUTIONNELLE DE L'ANGLETERRE (1760-1860) par *Thomas Erskine May*, traduite et précédée d'une introduction. 2 vol. . . . . 12 »

LE RÉV. CHRISTOPHER WORDSWORT

DE L'ÉGLISE ET DE L'INSTRUCTION PUBLIQUE EN FRANCE. 1 vol. . . . . 5 »

BIBLIOTHÈQUE CONTEMPORAINE

ET COLLECTION DE LA LIBRAIRIE NOUVELLE

Format grand in-18 à 3 francs le volume

H. BLAZE DE BURY — vol.

LES AMIES DE GŒTHE (*Sous presse*). . 1
LE CHEVALIER DE CHASOT. Mémoires du temps de Frédéric-le-Grand . . . 1
ÉCRIVAINS ET POËTES DE L'ALLEMAGNE . 1
ÉPISODE DE L'HISTOIRE DU HANOVRE. Les Kœnigsmark 1
MEYERBEER ET SON TEMPS. 1
MUSICIENS CONTEMPORAINS 1
INTERMÈDES ET POÈMES. 1
SOUVENIRS ET RÉCITS DES CAMPAGNES D'AUTRICHE. 1

***

HOMMES DU JOUR. 2e *édition* 1
LES SALONS DE VIENNE ET DE BERLIN. . 1
LES BONSHOMMES DE CIRE. 1

LA COMTESSE DE BOIGNE

UNE PASSION DANS LE GRAND MONDE. . 2

JULES BONNET

AONIO PALEARIO. Étude sur la réforme en Italie 1

J.-B. BORÉDON

GABRIEL ET FIAMETTA 1

LOUIS BOUILHET

POÉSIES. Festons et Astragales 1

FÉLIX BOVET

VOYAGE EN TERRE-SAINTE. 4e *édition*. 1

A. BRIZEUX

ŒUVRES COMPLÈTES. *Edition définitive*, précédée d'une étude sur Brizeux par *St-René Taillandier*. 2

LE PRINCE A. DE BROGLIE

ÉTUDES MORALES ET LITTÉRAIRES . . . 1
QUESTIONS DE RELIGION ET D'HISTOIRE. 2e *édition* 2

PAUL CAILLARD

LES CHASSES EN FRANCE ET EN ANGLETERRE. Histoires de sport. 1

AUGUSTE CALLET

L'ENFER. 2e *édition* 1

A. CALMONT

WILLIAM PITT. Etude parlementaire et financière. 1

LOUIS DE CARNÉ

UN DRAME SOUS LA TERREUR. 1

CLÉMENT CARAGUEL

LES SOIRÉES DE TAVERNY. 1

ÉMILE CARREY

LES MÉTIS DE LA SAVANE. 1
RÉCITS DE LA KABYLIE 1

JULES DE CÉNAR (DE CARNÉ)

PÊCHEURS ET PÊCHERESSES. 1

MICHEL CERVANTES

THÉATRE traduit par *Alph. Royer*. . 1

CÉLESTE DE CHABRILLAN — vol.

MISS PEWEL 1
LA SAPHO 1
LES VOLEURS D'OR. 1

CHAMPFLEURY

CONTES VIEUX ET NOUVEAUX 1
LES DEMOISELLES TOURANGEAU. 1
LES EXCENTRIQUES. 2e *édition*. . . . 1
LA MASCARADE DE LA VIE PARISIENNE. 1

A. CHARGUÉRAUD

LES BATARDS CÉLÈBRES. 1

VICTOR CHERBULIEZ

UN CHEVAL DE PHIDIAS. 1
LE PRINCE VITALE 1

H. DE CLAIRET

LES AMOURS D'UN GARDE CHAMPÊTRE. . . 1

CHARLES CLÉMENT

ÉTUDES SUR LES BEAUX-ARTS EN FRANCE. 1

Mme LOUISE COLET

LUI. 5e *édition* 1

ATHANASE COQUEREL FILS

LES FORÇATS POUR LA FOI. 1

EUGÈNE CORDIER

LE LIVRE D'ULRICH 1

H. CORNE

SOUVENIRS D'UN PROSCRIT. 1

CHARLES DE COURCY

LES HISTOIRES DU CAFÉ DE PARIS. . . . 1

ÉDOUARD COURNAULT

CONSIDÉRATIONS POLITIQUES. 1

VICTOR COUSIN

PHILOSOPHIE DE KANT. 4e *édition*. . . 1
PHILOSOPHIE ÉCOSSAISE. 4e *édition*. . 1
PHILOSOPHIE SENSUALISTE. 4e *édition*. 1

CUVILLIER-FLEURY

de l'Académie française

ÉTUDES ET PORTRAITS 1
ÉTUDES HISTORIQUES ET LITTÉRAIRES. 2
NOUV. ÉTUDES HIST. ET LITTÉRAIRES. . 1
DERN. ÉTUDES HISTOR. ET LITTÉRAIRES. 2
HISTORIENS, POËTES ET ROMANCIERS. 2
PORTRAITS POLITIQUES ET RÉVOLUTIONNAIRES. 2e *édition*. 2
VOYAGES ET VOYAGEURS. *Nouv. édit.* . 1

LA COMTESSE DASH

LES BOHÈMES DU XVIIe SIÈCLE. 1
MADEMOISELLE CINQUANTE MILLIONS. . . 1
LE ROMAN D'UNE HÉRITIÈRE. 1
LES VACANCES D'UNE PARISIENNE 1

ALPHONSE DAUDET vol.

LE ROMAN DU CHAPERON ROUGE. 1

ERNEST DAUDET

LES DUPERIES DE L'AMOUR. 1

LE GÉNÉRAL DAUMAS

LES CHEVAUX DU SAHARA ET LES MŒURS DU DÉSERT. 4e *édition, revue et augmentée*, avec des Commentaires par *l'émir Abd-el-Kader*. 1

L. DAVESIÈS DE PONTÈS

ÉTUDES SUR L'ORIENT. 2e *édition*. 1
ÉTUDES SUR L'HISTOIRE DE PARIS ANCIEN ET MODERNE. 1
NOTES SUR LA GRÈCE. 1

DÉCEMBRE-ALONNIER

TYPOGRAPHES ET GENS DE LETTRES. . 1

E.-J. DELECLUZE

SOUVENIRS DE SOIXANTE ANNÉES. . . . 1

LA COMTESSE DELLA ROCCA

CORRESPONDANCE INÉDITE DE LA DUCH. DE BOURGOGNE ET DE LA REINE D'ESPAGNE; publiée avec Introduction. . 1
CORRESPONDANCE ENFANTINE. Modèles de lettres pour jeunes filles. . . . 1

PAUL DELTUF

CONTES ROMANESQUES. 1
FIDÈS 1
RÉCITS DRAMATIQUES. 1

A. DESBARROLLES

VOYAGE D'UN ARTISTE EN SUISSE A 3 FR. 50 C. PAR JOUR. 3e *édition*. . 1

ÉMILE DESCHANEL

CAUSERIES DE QUINZAINE. 1
CHRISTOPHE COLOMB ET VASCO DE GAMA. 2e *édition* 1

DESSERTEAUX *traducteur*

ROLAND FURIEUX, *de l'Arioste* 1

PASCAL DORÉ

LE ROMAN DE DEUX JEUNES FILLES . . . 1

MAXIME DU CAMP

LES BUVEURS DE CENDRES. 1
EN HOLLANDE, *nouvelle édition*. . . 1
EXPÉDITION DE SICILE. Souvenirs. . 1

J.-A. DUCONDUT

ESSAI DE RHYTHMIQUE FRANÇAISE . . . 1

E. DUFOUR

LES GRIMPEURS DES ALPES (Peaks, Passes and Glaciers). Trad. de l'anglais. 1

ALEXANDRE DUMAS

LES GARIBALDIENS. 1
THÉATRE COMPLET. 11

ALEXANDRE DUMAS FILS

CONTES ET NOUVELLES 1
ANTONINE. 1
LA DAME AUX CAMÉLIAS. 1
LA VIE A VINGT ANS 1

HENRI DUPIN vol.

CINQ COUPS DE SONNETTE. 1

CHARLES EDMOND

SOUVENIRS D'UN DÉPAYSÉ 1

Mme ELLIOTT

MÉMOIRES SUR LA RÉVOLUTION FRANÇAISE, trad. par *M. le Cte de Baillon*, avec étude de *M. Sainte-Beuve* et un portr. gravé sur acier. 2e *édition*. 1

ACHILLE EYRAUD

VOYAGE A VÉNUS 1

A.-L.-A. FÉE

SOUVENIRS DE LA GUERRE D'ESPAGNE. 1
L'ESPAGNE A 50 ANS D'INTERVALLE. . . 1

FÉTIS

LA MUSIQUE DANS LE PASSÉ, DANS LE PRÉSENT ET DANS L'AVENIR (*S. pr.*). 2

FEUILLET DE CONCHES

LÉOPOLD ROBERT, sa vie, ses œuvres et sa correspondance. *Nouv. édition* 1

OCT. FEUILLET *de l'Acad. française*

BELLAH. 5e *édition*. 1
HISTOIRE DE SIBYLLE. 8e *édition*. . . 1
LA PETITE COMTESSE. Le Parc, Onesta. 1
LE ROMAN D'UN JEUNE HOMME PAUVRE. 1
SCÈNES ET COMÉDIES. *Nouv. édition*. . 1
SCÈNES ET PROVERBES. *Nouv. édit.* . 1

PAUL FÉVAL

QUATRE FEMMES ET UN HOMME. 3e *édit.* 1

ERNEST FEYDEAU

ALGER. Étude. 2e *édition*. 1
DU LUXE, DES FEMMES, DES MŒURS, DE LA LITTÉRATURE ET DE LA VERTU. . . 1
UN DÉBUT A L'OPÉRA. 3e *édition*. . . 1
MONSIEUR DE SAINT-BERTRAND. 3e *édit.* 1
LE MARI DE LA DANSEUSE. 3e *édition*. 1
LE ROMAN D'UNE JEUNE MARIÉE. 1
LE SECRET DU BONHEUR. 2e *édition*. 2

LOUIS FIGUIER

LES EAUX DE PARIS. 2e *édition*. . 1

P.-A. FIORENTINO

COMÉDIES ET COMÉDIENS. 2

GUSTAVE FLAUBERT

MADAME BOVARY. *Nouv. édit. revue*. . 1
SALAMMBO. 5e *édition*. 1

EUGÈNE FORCADE

ÉTUDES HISTORIQUES. 1
HIST. DES CAUSES DE LA GUERRE D'ORIENT. 1

MARC FOURNIER

LE MONDE ET LA COMÉDIE (*Sous presse*). 1

VICTOR FRANCONI

LE CAVALIER. Cours d'équitation pratique. 2e *édit. revue et augm.* 1
L'ÉCUYER. Cours d'équitation pratique. 1

ARNOULD FRÉMY

LES MŒURS DE NOTRE TEMPS. 1

vol.

EUGÈNE FROMENTIN

UNE ANNÉE DANS LE SAHEL. 2e *édition*. 1
UN ÉTÉ DANS LE SAHARA. 2e *édition*. 1

LÉOPOLD DE GAILLARD

QUESTIONS ITALIENNES. 1

N. GALLOIS

LES ARMÉES FRANÇAISES EN ITALIE. . 1

GALOPPE D'ONQUAIRE

LE SPECTACLE AU COIN DU FEU. . . . 1

LE Cte AGÉNOR DE GASPARIN

LE BONHEUR. 3e *édition*. 1
LA FAMILLE, ses devoirs, ses joies et ses douleurs. 4e *édition*. 2
UN GRAND PEUPLE QUI SE RELÈVE. Les États-Unis en 1861. 2e *édition*. 1

***

LES HORIZONS CÉLESTES. 7e *édition*. 1
LES HORIZONS PROCHAINS. 6e *édition*. 1
LES PROUESSES DE LA BANDE DU JURA. 2e *éd*. 1
BANDE DU JURA.—Premier voyage, 2e *éd*. 1
— Chez les Allemands—Chez nous. 1
— A Florence. 1
CAMILLE. 2e *édition*. 1
LES TRISTESSES HUMAINES. 4e *édition* . 1
VESPER. 4e *édition*. 1
JOURNAL D'UN VOYAGE AU LEVANT. 2e *édition* 3
AU BORD DE LA MER. 1

THÉOPHILE GAUTIER

LA BELLE JENNY 1
CONSTANTINOPLE. 1
LES GROTESQUES. 1
LOIN DE PARIS. 1
LA PEAU DE TIGRE. 1
QUAND ON VOYAGE. 1

JULES GÉRARD *le Tueur de lions*

VOYAGES ET CHASSES DANS L'HIMALAYA. 1

GÉRARD DE NERVAL

LES DEUX FAUST DE GOETHE, suivi d'un choix de poésies allemandes (*traduction*) 1
VOYAGE EN ORIENT. *Nouvelle édition seule complète*. 2

Mme ÉMILE DE GIRARDIN

M. LE MARQUIS DE PONTANGES. 1
NOUVELLES. 1

AIMÉ GIRON

LES AMOURS ÉTRANGES. 1
TROIS JEUNES FILLES. 1

EDMOND ET JULES DE GONCOURT

SŒUR PHILOMÈNE 1

ÉDOUARD GOURDON

NAUFRAGE AU PORT. 1

LÉON GOZLAN

ARISTIDE FROISSART. 1
BALZAC CHEZ LUI. 2e *édition*. 1
BALZAC EN PANTOUFLES. 3e *édition* . . 1
CHATEAUX DE FRANCE. 2
HISTOIRE DE CENT TRENTE FEMMES. . . 1
HISTOIRE D'UN DIAMANT. 2e *édition*. . 1
LE MÉDECIN DU PECQ. 1

vol.

CARLO GOZZI

THÉATRE FIABESQUE, trad. par *A. Royer*. 1

Mme MANOEL DE GRANDFORT

L'AMOUR AUX CHAMPS. 1
RYNO. 3e *édition*. 1

GRANIER DE CASSAGNAC

DANAÉ. 1

GRÉGOROVIUS *Trad. de F. Sabatier*

LES TOMBEAUX DES PAPES ROMAINS, avec introduction de *J.-J. Ampère* . 1

F. DE GROISEILLIEZ

LES COSAQUES DE LA BOURSE. 1
HIST. DE LA CHUTE DE LOUIS-PHILIPPE. 1

AD. GUÉROULT

ÉTUDES DE POLITIQUE ET DE PHILOSOPHIE RELIGIEUSE. 1

AMÉDÉE GUILLEMIN

LES MONDES. CAUSERIES ASTRONOMIQUES. 3e *édition*. 1

M. GUIZOT

TROIS GÉNÉRATIONS —1789-1814-1848. 3e *édition*. 1

LE Cte GUY DE CHARNACÉ

ÉTUDES D'ÉCONOMIE RURALE. 1

F. HALÉVY

SOUVENIRS ET PORTRAITS. 1
DERNIERS SOUVENIRS ET PORTRAITS. . 1

IDA HAHN-HAHN *Trad. Am. Pichot*

LA COMTESSE FAUSTINE. 1

B. HAURÉAU

SINGULARITÉS HISTOR. ET LITTÉRAIRES. 1

LE Cte D'HAUSSONVILLE

HIST. DE LA POLIT. EXTÉRIEURE DU GOUVERN. FRANÇAIS (1830-1848). *Nouv. éd*. 2
HISTOIRE DE LA RÉUNION DE LA LORRAINE A LA FRANCE. 2e *édition*. 4

***

MARGUERITE DE VALOIS. (*Sous presse*). 1
ROBERT EMMET. 2e *édition*. 1
SOUVENIRS D'UNE DEMOIS. D'HONNEUR DE LA DUCH. DE BOURGOGNE. 2e *édit*. 1

HENRI HEINE ŒUVRES COMPLÈTES

CORRESPONDANCE INÉDITE, avec une introduction et des notes. 2
DE LA FRANCE. *Nouvelle édition*. . . 1
DE L'ALLEMAGNE. *Nouvelle édition*. . 2
LUTÈCE. 5e *édition* 1
POÈMES ET LÉGENDES. *Nouv. édition*. . 1
REISEBILDER, tableaux de voyage. *Nouv. édit*. avec une étude sur Henri Heine, par *Th. Gautier*, avec portrait. 2
DRAMES ET FANTAISIES. 1
DE TOUT UN PEU. 1

CAMILLE HENRY

LE ROMAN D'UNE FEMME LAIDE. 2e *édit*. 1
LE ROMAN D'UNE JOLIE FEMME. (*sous pr.*). 1
UNE NOUVELLE MADELEINE. 1

HOFFMANN. *Trad. Champfleury* vol.

CONTES POSTHUMES 1

ROBERT HOUDIN

CONFIDENCES D'UN PRESTIDIGITATEUR . . 2

ARSÈNE HOUSSAYE

AVENTURES GALANTES DE MARGOT . . . 1
BLANCHE ET MARGUERITE 1
MADEMOISELLE MARIANI, histoire parisienne (1858). 4e *édition* 1

CHARLES HUGO

LE COCHON DE SAINT ANTOINE 1
UNE FAMILLE TRAGIQUE 1

UN INCONNU

MONSIEUR X... ET MADAME *** 1

WASHINGTON IRVING. *Trad. Th. Lefebvre*

AU BORD DE LA TAMISE. Contes, Récits et Légendes. 2e *édition* 1

ALFRED JACOBS

L'OCÉANIE NOUVELLE 1

PAUL JANET

LA FAMILLE. LEÇONS DE PHILOSOPHIE MORALE. 6e *édition* 1

JULES JANIN

BARNAVE. *Nouvelle édition* 1
LE CHEMIN DE TRAVERSE 1
LES CONTES DU CHALET. 2e *édition*. 1
CONTES FANTAST. ET CONTES LITTÉR. . 1
HIST. DE LA LITTÉRATURE DRAMATIQUE. 6

AUGUSTE JOLTROIS

LES COUPS DE PIED DE L'ANE. 2e *édit.* . 1

LOUIS JOURDAN

LES FEMMES DEVANT L'ÉCHAFAUD. 2e *éd.* 1

ARMAND JUSSELAIN

UN DÉPORTÉ A CAYENNE 1

MIECISLAS KAMIENSKI *tué à Magenta*

SOUVENIRS 1

KARL-DES-MONTS

LES LÉGENDES DES PYRÉNÉES. 4e *édit.* 1

ALPHONSE KARR

AGATHE ET CÉCILE 1
SOIRÉES DE SAINTE-ADRESSE 1
DE LOIN ET DE PRÈS. 2e *édition* . . . 1
EN FUMANT. 3e *édition* 1
LETTRES ÉCRITES DE MON JARDIN . . . 1
LE ROI DES ILES CANARIES. (*Souspresse*). 1
SUR LA PLAGE. 2e *édition* 1

LA BRUYÈRE

LES CARACTÈRES. *Nouvelle édition*, commentée par *A. Destailleur* . . . 2

LAMARTINE

LES CONFIDENCES. *Nouvelle édition* . . 1
GENEVIÈVE. Hist. d'une Servante. 2e *éd.* 1
NOUVELLES CONFIDENCES. 2e *édition* . . 1
TOUSSAINT LOUVERTURE. 3e *édition* . . 1

LE PRINCE DE LA MOSKOWA vol.

SOUVENIRS ET RÉCITS 1

LANFREY

LES LETTRES D'ÉVERARD 1

VICTOR DE LAPRADE *de l'Acad. franç.*

POÈMES ÉVANGÉLIQUES. 3e *édition* . . 1
PSYCHÉ. Odes et Poëmes. *Nouv. édit.* 1
LES SYMPHONIES. IDYLLES HÉROÏQUES . . 1

FERDINAND DE LASTEYRIE

LES TRAVAUX DE PARIS. Examen crit. 1

DE LATENA

ÉTUDE DE L'HOMME. 4e *édition aug.* 2

ÉMILE DE LATHEULADE

DE LA DIGNITÉ HUMAINE 1

ANTOINE DE LATOUR

ÉTUDES LITTÉR. SUR L'ESPAGNE CONTEMP. 1
ÉTUDES SUR L'ESPAGNE 2
LA BAIE DE CADIX 1
TOLÈDE ET LES BORDS DU TAGE 1
L'ESPAGNE RELIGIEUSE ET LITTÉRAIRE. 1
LES SAYNÈTES DE RAMON DE LA CRUZ. 1

CHARLES DE LA VARENNE

VICTOR-EMMANUEL II ET LE PIÉMONT. 1

CH. LAVOLLÉE

LA CHINE CONTEMPORAINE 1

JULES LECOMTE

VOYAGES ÇA ET LA 1

A. LEFEVRE-PONTALIS

LES LOIS ET LES MŒURS ÉLECTORALES EN FRANCE ET EN ANGLETERRE . . . 1

ERNEST LEGOUVÉ *de l'Acad. franç.*

LECTURES A L'ACADÉMIE 1

JOHN LEMOINNE

ÉTUDES CRITIQUES ET BIOGRAPHIQUES. 1
NOUV. ÉTUDES CRIT. ET BIOGRAPHIQUES. 1

FRANÇOIS LENORMANT

LA GRÈCE ET LES ILES IONIENNES . . . 1

JULES LEVALLOIS

LA PIÉTÉ AU XIXe SIÈCLE 1

G. LEVAVASSEUR

ÉTUDES D'APRÈS NATURE 1

CH. LIADIÈRES

ŒUVRES DRAMATIQUES ET LÉGENDES . . 1
SOUV. HISTOR. ET PARLEMENTAIRES . . 1

FRANZ LISZT

DES BOHÉMIENS ET DE LEUR MUSIQUE. 1

LE ROI LOUIS-PHILIPPE vol.

MON JOURNAL. Événements de 1815. . 2

LE VICOMTE DE LUDRE

DIX ANNÉES DE LA COUR DE GEORGES II. 1

CHARLES MAGNIN

HISTOIRE DES MARIONNETTES EN EUROPE, depuis l'antiquité. 2e *édition*. 1

FÉLICIEN MALLEFILLE

LE COLLIER. Contes et Nouvelles. . 1

HECTOR MALOT

LES AMOURS DE JACQUES 1
LES VICTIMES D'AMOUR. Les Amants . . 2e *édition*. 1
LES VICTIMES D'AMOUR. Les Époux. . 1
— — Les Enfants. 1
LA VIE MODERNE EN ANGLETERRE. . . 1

AUGUSTE MAQUET

LES VERTES FEUILLES. 1

MARC-BAYEUX

LA PREMIÈRE ÉTAPE. 1

LE COMTE DE MARCELLUS

CHANTS POPULAIRES DE LA GRÈCE MODERNE, réunis, classés et traduits. . 1

X. MARMIER

EN CHEMIN DE FER. 1

CH. DE MAZADE

DEUX FEMMES DE LA RÉVOLUTION . . . 1
L'ITALIE ET LES ITALIENS 1
L'ITALIE MODERNE. 1
LA POLOGNE CONTEMPORAINE. 1

E. DU MÉRAC

PLACIDE DE JAVERNY. 1

MERCIER

TABLEAU DE PARIS. *Nouv. édition*. . 1

PROSPER MÉRIMÉE *de l'Acad. franç.*

LES COSAQUES D'AUTREFOIS. 2e *édition* 1
LES DEUX HÉRITAGES. 1
ÉPISODE DE L'HISTOIRE DE RUSSIE . . 1
ÉTUDES SUR L'HISTOIRE ROMAINE. . . 1
MÉLANGES HISTORIQUES ET LITTÉRAIRES. 1
NOUVELLES. Carmen — Arsène Guillot — L'abbé Aubain, etc. 4e *édition*. . 1

MÉRY

LES AMOURS DES BORDS DU RHIN. . . 1
UN CRIME INCONNU. 1
LES JOURNÉES DE TITUS 1
MONSIEUR AUGUSTE. 2e *édition*. . . . 1
LES MYSTÈRES D'UN CHATEAU. 1
LES NUITS ANGLAISES. 1
LES NUITS ITALIENNES 1
LES NUITS D'ORIENT 1

MÉRY (*Suite*) vol.

LES NUITS PARISIENNES. 1
LES NUITS ESPAGNOLES. 1
POÉSIES INTIMES. 1
THÉATRE DE SALON. 2e *édition*. . . . 1
NOUVEAU THÉATRE DE SALON. 1
TRAFALGAR. 1
LES UNS ET LES AUTRES. 1
URSULE. 2e *édition*. 1
LA VÉNUS D'ARLES. 1
LA VIE FANTASTIQUE. 1

PAUL MEURICE

SCÈNES DU FOYER. LA FAMILLE AUBRY. . 1

ÉDOUARD MEYER

CONTES DE LA MER BALTIQUE. 1

MIE D'AGHONNE

BONJOUR ET BONSOIR. 1

Csse DE MIRABEAU—Vte DE GRENVILLE

HISTOIRE DE DEUX HÉRITIÈRES. 1

L'ABBÉ TH. MITRAUD

DE LA NATURE DES SOCIÉTÉS HUMAINES. 1

CÉLESTE MOGADOR

MÉMOIRES COMPLETS 4

PAUL DE MOLÈNES

L'AMANT ET L'ENFANT. 1
AVENTURES DU TEMPS PASSÉ 1
LE BONHEUR DES MAISONS. 1
CARACTÈRES ET RÉCITS DU TEMPS. . . 1
LES COMMENTAIRES D'UN SOLDAT. . . . 1
LA FOLIE DE L'ÉPÉE. 1
HISTOIRES SENTIMENTALES ET MILITAIRES. 1

CHARLES MONSELET

LES ANNÉES DE GAITÉ. 1
L'ARGENT MAUDIT. 2e *édition*. . . . 1
LES FEMMES QUI FONT DES SCÈNES. . . 1
LA FIN DE L'ORGIE 1
LA FRANC-MAÇONNERIE DES FEMMES. . 1
FRANÇOIS SOLEIL 1
LES GALANTERIES DU XVIIIe SIÈCLE. . . 1
M. LE DUC S'AMUSE. 1
LES ORIGINAUX DU SIÈCLE DERNIER. . 1

LE Cte DE MONTALIVET *anc. ministre*

RIEN. — Dix-huit années du gouvernement parlementaire. 2e *édition*. . 1

FRÉDÉRIC MORIN

LES HOMMES ET LES LIVRES CONTEMPOR. 1
LES IDÉES DU TEMPS PRÉSENT. . . . 1

HENRY MURGER

LES BUVEURS D'EAU 1
SCÈNES DE CAMPAGNE 1
SCÈNES DE LA VIE DE JEUNESSE. . . . 1
NUITS D'HIVER, Poésies compl. 2e *éd.* . 1

A. DE MUSSET, DE BALZAC, G. SAND

PARIS ET LES PARISIENS. 1

PAUL DE MUSSET

UN MAÎTRE INCONNU. 1

NADAR vol.

LA ROBE DE DÉJANIRE. 2e *édition*. . . 1

LA COMTESSE NATHALIE

LA VILLA GALIETTA. 1

CHARLES NISARD

MÉMOIRES ET CORRESPONDANCES HISTORIQUES ET LITTÉRAIRES, INÉDITS. 1

D. NISARD *de l'Acad. française*

ÉTUDES DE CRITIQUE LITTÉRAIRE. . . . 1
ÉTUDES D'HISTOIRE ET DE LITTÉRATURE. 1
NOUVELLES ÉTUDES. 1
ÉTUDES SUR LA RENAISSANCE. 2e *édit*. . 1
SOUVENIRS DE VOYAGE. 2e *édition*. . . 1

CHARLES NODIER *traducteur*

LE VICAIRE DE WAKEFIELD 1

LE VICOMTE DE NOÉ

BACHI-BOZOUCKS ET CHASSEURS D'AFR. 1

JULES NORIAC

JOURNAL D'UN FLANEUR. 1
MADEMOISELLE POUCET. 2e *édition* . . 1
LE CAPITAINE SAUVAGE. 1

MAXIME OGET

COMTESSE ET VIERGE FOLLE. 1

ÉDOUARD OURLIAC *Œuvres compl.*

LES CONFESSIONS DE NAZARILLE. . . . 1
LES CONTES DE LA FAMILLE 1
CONTES SCEPTIQUES ET PHILOSOPHIQUES. 1
LA MARQUISE DE MONTMIRAIL 1
NOUVEAUX CONTES DU BOCAGE. 1
NOUVELLES. 1
LES PORTRAITS DE FAMILLE. 1
PROVERBES ET SCÈNES BOURGEOISES. . . 1
THÉATRE DU SEIGNEUR CROQUIGNOLE. . 1

ALPHONSE PAGÈS

BALZAC MORALISTE ou Pensées de Balzac extraites de son œuvre, classées et mises en regard de celles de *La Rochefoucauld, Pascal, La Bruyère et Vauvenargues*. 1

ÉDOUARD PAILLERON

LES PARASITES. 1

THÉOD. PARMENTIER

DESCRIPTION TOPOGRAPHIQUE ET STRATÉGIQUE DU THÉATRE DE LA GUERRE TURCO-RUSSE. *Trad. de l'allemand*, avec une carte topographique. . . 1

TH. PAVIE

RÉCITS DE TERRE ET DE MER. 1
SCÈNES ET RÉCITS DES PAYS D'OUTRE-MER 1

***

LE PÉCHÉ DE MADELEINE. 3e *édition*. 1
FLAMEN. 1

PAUL PERRET

LA BAGUE D'ARGENT. 1
LES BOUERIES DE COLOMBE 1

LÉONCE DE PESQUIDOUX vol.

L'ÉCOLE ANGLAISE. — 1672-1851 — . . 1
VOYAGE ARTISTIQUE EN FRANCE. 1

A. PEYRAT

ÉTUDES HISTORIQUES ET RELIGIEUSES. 1
HISTOIRE ET RELIGION. 1

LAURENT PICHAT

CARTES SUR TABLE. Nouvelles. . . . 1
LA SIBYLLE. 1

AMÉDÉE PICHOT

LA BELLE RÉBECCA. 1
SIR CHARLES BELL. 1

BENJAMIN PIFFTEAU

DEUX ROUTES DE LA VIE. 1

GUSTAVE PLANCHE

ÉTUDES LITTÉRAIRES. 1
ÉTUDES SUR L'ÉCOLE FRANÇAISE. . . . 2
ÉTUDES SUR LES ARTS 1

ÉDOUARD PLOUVIER

LA BELLE AUX CHEVEUX BLEUS. 2e *édit*. 1

EDGAR POE *Trad. Ch. Baudelaire*

EUREKA. 1
HISTOIRES GROTESQUES ET SÉRIEUSES. . 1

F. PONSARD *de l'Acad. française*

ÉTUDES ANTIQUES. 1

P. P.

UNE SŒUR. 1

A. DE PONTMARTIN

CAUSERIES LITTÉRAIRES. *Nouv. édition*. 1
NOUV. CAUSERIES LITTÉRAIRES. 2e *édit*. 1
DERNIÈRES CAUSERIES LITTÉRAIRES. 2e *éd*. 1
CAUSERIES DU SAMEDI. 2e *série des* Causeries Littéraires. *Nouv. édition*. 1
NOUVELLES CAUSERIES DU SAMEDI. 2e *éd*. 1
DERNIÈRES CAUSERIES DU SAMEDI. . . . 1
ENTRE CHIEN ET LOUP. 2e *édition*. . 1
LE FOND DE LA COUPE. 1
LES JEUDIS DE Mme CHARBONNEAU. . . 1
LES SEMAINES LITTÉRAIRES. 1
NOUVELLES SEMAINES LITTÉRAIRES. . . 1
DERNIÈRES SEMAINES LITTÉRAIRES. . . 1
NOUVEAUX SAMEDIS. 2

EUGÈNE POUJADE

LE LIBAN ET LA SYRIE. 1

PREVOST-PARADOL
de l'Académie française

ÉLISABETH ET HENRI IV (1595-1598). 3e *éd*. 1
ESSAIS DE POLITIQUE ET DE LITTÉRATURE. 2e *édition*. 3
QUELQUES PAGES D'HISTOIRE CONTEMPORAINE. Lettres politiques. 3

CHARLES RABOU

LA GRANDE ARMÉE 2

MAX RADIGUET

A TRAVERS LA BRETAGNE 1
SOUVENIRS DE L'AMÉRIQUE ESPAGNOLE. 1

RAMON DE LA CRUZ
vol.

SAYNÈTES, tr. de l'esp. par *A. de Latour*. 1

LOUIS RATISBONNE

L'ENFER DE DANTE, traduction en vers, texte en regard. 3e *édition*. . . . 2
LE PURGATOIRE DE DANTE. *Nouv. éd.* 1
LE PARADIS DE DANTE. *Nouv. édition*. 1
IMPRESSIONS LITTÉRAIRES. 1
MORTS ET VIVANTS. 1

JEAN REBOUL *de Nîmes*

LETTRES avec introd. de *M. Poujoulat*. 1

PAUL DE RÉMUSAT

LES SCIENCES NATURELLES. Études sur leur histoire et sur leurs progrès. . 1

ERNEST RENAN

ÉTUDES D'HISTOIRE RELIGIEUSE. 7e *édit.* 1

D. JOSÉ GUELL Y RENTÉ

LÉGENDES AMÉRICAINES. 1
LÉGENDES D'UNE AME TRISTE 1
TRADITIONS AMÉRICAINES. 1
LA VIERGE DES LYS — PETITE-FILLE DE ROI 1

RODOLPHE REY

HIST. DE LA RENAISSANCE POL. DE L'ITALIE. 1

LOUIS REYBAUD

LA COMTESSE DE MAULÉON. 1
LES ÉCOLES EN FRANCE ET EN ANGLETERRE. 1
JÉRÔME PATUROT à la recherche de la meilleure des républiques. 2
MARINES ET VOYAGES. 1
MŒURS ET PORTRAITS DU TEMPS. . . . 2
NOUVELLES. 1
ROMANS. 1
SCÈNES DE LA VIE MODERNE. 1
LA VIE A REBOURS. 1
LA VIE DE CORSAIRE. 1
LA VIE DE L'EMPLOYÉ. 1

CHARLES REYNAUD

ÉPÎTRES, CONTES ET PASTORALES. . . . 1
ŒUVRES INÉDITES. 1

HENRI RIVIÈRE

LE CACIQUE. Journal d'un marin . . . 1
LA MAIN COUPÉE. 1
LES MÉPRISES DU CŒUR. 1
LA POSSÉDÉE. 1

JEAN ROUSSEAU

LES COUPS D'ÉPÉE DANS L'EAU. 1
PARIS DANSANT. 2e *édition*. 1

EDMOND ROCHE

POÉSIES POSTHUMES. Notice de *V. Sardou*, et eaux-fortes. 1

AMÉDÉE ROLLAND

LES FILS DE TANTALE 1
LA FOIRE AUX MARIAGES. 2e *édition*. . 1
LES MARIONNETTES DE L'AMOUR. (*S. pr.*). 1

VICTORINE ROSTAND

UNE BONNE ÉTOILE. 1
AU BORD DE LA SAÔNE. 1

LE DOCTr FÉLIX ROUBAUD
vol.

LES EAUX MINÉRALES DE LA FRANCE, guide du médecin pratic. et du malade. 1
POUGUES, ses eaux minérales, ses environs. 1

ÉMILE RUBEN

CE QUE COUTE UNE RÉPUTATION. . . . 1

LE MARÉCHAL DE SAINT-ARNAUD

LETTRES (1832-1854). 3e *édition*, avec une not. de *M. Sainte-Beuve* . . . 2

SAINTE-BEUVE *de l'Acad. franç.*

NOUVEAUX LUNDIS 5

SAINT-GERMAIN LEDUC

UN MARI. 1

SAINT-SIMON

DOCTRINE SAINT-SIMONIENNE. 1

GEORGE SAND

ANDRÉ. 1
ANTONIA. 1
LA CONFESSION D'UNE JEUNE FILLE. . . 2
CONSTANCE VERRIER. 1
LA DERNIÈRE ALDINI. 1
ELLE ET LUI. 1
LA FAMILLE DE GERMANDRE. 1
FRANÇOIS LE CHAMPI. 1
INDIANA. 1
JACQUES. 1
JEAN DE LA ROCHE. 1
LAURA 1
LETTRES D'UN VOYAGEUR 1
MADEMOISELLE LA QUINTINIE. 1
LES MAÎTRES MOSAÏSTES. 1
LES MAÎTRES SONNEURS. 1
LA MARE AU DIABLE. 1
LE MARQUIS DE VILLEMER. 1
MAUPRAT. 1
MONSIEUR SYLVESTRE. 1
MONT-REVÊCHE. 1
NOUVELLES 1
LA PETITE FADETTE 1
TAMARIS 1
THÉÂTRE COMPLET. 4
THÉÂTRE DE NOHANT. 1
VALENTINE. 1
VALVÈDRE. 1
LA VILLE NOIRE. 1

MAURICE SAND
vol.

CALLIRHOÉ 1
SIX MILLE LIEUES A TOUTE VAPEUR. 2e *édit.* 1

JULES SANDEAU

UN DÉBUT DANS LA MAGISTRATURE. 2e *éd.* 1
UN HÉRITAGE. *Nouvelle édition*. . . . 1
LA MAISON DE PENARVAN. 8e *édition*. 1

FRANCISQUE SARCEY

LE MOT ET LA CHOSE. 1

C. DE SAULT

ESSAIS DE CRITIQUE D'ART. 1

	vol.
EDMOND SCHERER	
ÉTUDES CRITIQUES sur la littérature . .	1
NOUV. ÉTUDES sur la littérature. 2e sér.	1
ÉTUDES SUR LA LITTÉRATURE. 3e série.	1
MÉLANGES D'HIST. RELIGIEUSE. 2e *édit.*	1
FERNAND SCHICKLER	
EN ORIENT. SOUVENIRS DE VOYAGE . . .	1
AURÉLIEN SCHOLL	
LES GENS TARÉS.	1
HÉLÈNE HERMANN.	1
EUGÈNE SCRIBE	
HISTORIETTES ET PROVERBES.	1
NOUVELLES	1
THÉATRE (*ouvrage complet*)	20
ALBÉRIC SECOND	
A QUOI TIENT L'AMOUR?	1
WILLIAM N. SENIOR	
LA TURQUIE CONTEMPORAINE.	1
J.-C.-L. DE SISMONDI	
LETTRES INÉDITES, suivies de lettres de Bonstetten, de Mme de Staël et de Souza, Intr. de *St-René Taillandier.*	1
DE STENDHAL (H. BEYLE) ŒUVRES COMPLÈTES	
LA CHARTREUSE DE PARME. *Nouv. éd.* .	1
CHRONIQUES ITALIENNES	1
CORRESPONDANCE INÉDITE Introduction de *P. Mérimée* et Portrait . . .	2
HISTOIRE DE LA PEINTURE EN ITALIE.	1
MÉMOIRES D'UN TOURISTE. *Nouv. édit.*	2
NOUVELLES INÉDITES	1
NOUVELLES ET MÉLANGES. (*Sous pr.*).	1
PROMENADES DANS ROME. *Nouv. édit.*	2
RACINE ET SHAKSPEARE. *Nouv. édit.* .	1
ROMANS ET NOUVELLES.	1
ROME, NAPLES ET FLORENCE. *Nouv. édit.*	1
LE ROUGE ET LE NOIR. *Nouv. édition.*	1
VIE DE ROSSINI. *Nouv. édition* . . .	1
VIES DE HAYDN, DE MOZART ET DE MÉTASTASE. *Nouv. édit. entièr. revue.*	1
DANIEL STERN	
ESSAI SUR LA LIBERTÉ. *Nouv. édit.* .	1
FLORENCE ET TURIN. Art et politique. .	1
NÉLIDA.	1
MATHILDE STEV...	
LE OUI ET LE NON DES FEMMES.	1
SAINT-RENÉ TAILLANDIER	
ALLEMAGNE ET RUSSIE.	1
LA COMTESSE D'ALBANY.	1
HISTOIRE ET PHILOSOPHIE RELIGIEUSE.	1
LITTÉRATURE ÉTRANGÈRE — ÉCRIVAINS ET POËTES MODERNES	1
TÉRENCE	
THÉATRE COMPLET. *Trad. A. de Belloy.* .	1
EDMOND TEXIER	
CONTES ET VOYAGES	1
CRITIQUES ET RÉCITS LITTÉRAIRES . . .	1
***	
MÉMOIRES DE BILBOQUET	3
EDMOND THIAUDIÈRE	
UN PRÊTRE EN FAMILLE.	1
A. THIERS	
HISTOIRE DE LAW	1

	vol.
CH. THIERRY-MIEG	
SIX SEMAINES EN AFRIQUE. Souv. de voyage, avec carte et 9 dessins. .	1
ÉMILE THOMAS	
HISTOIRE DES ATELIERS NATIONAUX. .	1
TIRSO DE MOLINA	
THÉATRE. Traduit par *Alph. Royer.* .	1
MARIO UCHARD	
LA COMTESSE DIANE. 2e *édition.* . . .	1
UNE DERNIÈRE PASSION.	1
LE MARIAGE DE GERTRUDE. 4e *édition.*	1
RAYMON. 4e *édition.*	1
LOUIS ULBACH	
L'HOMME AUX CINQ LOUIS D'OR.	1
AUGUSTE VAQUERIE	
PROFILS ET GRIMACES.	1
E. DE VALBEZEN (LE MAJOR FRIDOLIN)	
LA MALLE DE L'INDE. 2e *édition.* . . .	1
RÉCITS D'HIER ET D'AUJOURD'HUI. .	1
OSCAR DE VALLÉE	
LES MANIEURS D'ARGENT. 4e *édition.* .	1
MAX VALREY	
CES PAUVRES FEMMES!	1
LES VICTIMES DU MARIAGE. 2e *édition.* .	1
THÉODORE VERNES	
NAPLES ET LES NAPOLITAINS. 2e *édit.* .	1
ALFRED DE VIGNY ŒUVRES COMPLÈTES	
CINQ-MARS, avec 2 autographes. 14e *éd.*	1
STELLO. 9e *édition.*	1
SERVITUDE ET GRANDEUR MILITAIRES. 9e *édition.*	1
THÉATRE COMPLET. 8e *édition*	1
POÉSIES COMPLÈTES. 8e *édition.* . . .	1
SAMUEL VINCENT	
DU PROTESTANTISME EN FRANCE. *N. éd.* Introd. de *Prévost-Paradol.*	1
MÉDITATIONS RELIGIEUSES. Not. de *Fontanès.* Int. d'*A. Coquerel fils.* .	1
LÉON VINGTAIN	
DE LA LIBERTÉ DE LA PRESSE	1
VIE PUBLIQUE DE ROYER-COLLARD avec une préface de *M. A. de Broglie.*	1
L. VITET *de l'Académie française*	
ESSAIS HISTORIQUES ET LITTÉRAIRES. .	1
LA LIGUE. — SCÈNES HISTORIQUES. Précéd. des ÉTATS D'ORLÉANS. *Nouv. édit.* .	2
HISTOIRE DE DIEPPE. *Nouvelle édit.*	1
ÉTUDES SUR L'HISTOIRE DE L'ART. . . .	4
RICHARD WAGNER	
QUATRE POÈMES D'OPÉRAS ALLEMANDS.	1
J.-J. WEISS	
ESSAIS SUR L'HISTOIRE DE LA LITTÉRATURE FRANÇAISE	1
FRANCIS WEY	
CHRISTIAN	1
CORNÉLIS DE WITT	
LA SOCIÉTÉ FRANÇAISE ET LA SOCIÉTÉ ANGLAISE AU XVIIIe SIÈCLE	1
E. YEMENIZ, *consul de Grèce*	
LA GRÈCE MODERNE	1

BIBLIOTHÈQUE NOUVELLE

Format grand in-18 à 2 francs le volume

EDMOND ABOUT — vol.

LE CAS DE M. GUÉRIN. 4e *édition* . . . 1

LE NEZ D'UN NOTAIRE. 5e *édition* . . 1

AMÉDÉE ACHARD

BELLE-ROSE 1

NELLY 1

LA TRAITE DES BLONDES. 1

PIOTRE ARTAMOV

HISTOIRE D'UN BOUTON. 4e *édition*. . 1

LES INSTRUMENTS DE MUSIQUE DU DIABLE. 1

LA MÉNAGERIE LITTÉRAIRE. 1

BABAUD-LARIBIÈRE

HISTOIRE DE L'ASSEMBLÉE NATIONALE CONSTITUANTE. 2

H. DE BARTHÉLEMY

LA NOBLESSE EN FRANCE avant et depuis 1789 1

Mme DE BAWR

NOUVELLES 1

RAOUL, ou l'Énéide. 1

ROBERTINE 1

LES SOIRÉES DES JEUNES PERSONNES. . 1

ROGER DE BEAUVOIR

COLOMBES ET COULEUVRES 1

LES MYSTÈRES DE L'ILE SAINT-LOUIS . . 1

LES ŒUFS DE PAQUES 1

FRÉDÉRIC BÉCHARD

LES EXISTENCES DÉCLASSÉES. 5e *édit*. . 1

L'ÉCHAPPÉ DE PARIS. Nouv. série des *Existences déclassées*. 2e *édition*. 1

GEORGES BELL

LUCY LA BLONDE. 1

LES REVANCHES DE L'AMOUR. 1

PIERRE BERNARD

L'A B C DE L'ESPRIT ET DU CŒUR 1

CH. BERTHOUD

FRANÇOIS D'ASSISE. Étude historique. . 1

ALBERT BLANQUET

LE ROI D'ITALIE. Roman historique. . 1

RAOUL BRAVARD

CES SAVOYARDS ! 1

E. BRISEBARRE ET E. NUS

LES DRAMES DE LA VIE 2

CLÉMENT CARAGUEL

SOUVENIRS ET AVENTURES D'UN VOLONTAIRE GARIBALDIEN 1

COMTESSE DE CHABRILLAN

EST-IL FOU ? 1

EUGÈNE CHAPUS

LES HALTES DE CHASSE. 2e *édition*. . 1

MANUEL DE L'HOMME ET DE LA FEMME COMME IL FAUT. 5e *édition*. . . . 1

ÉMILE CHEVALIER

LES PIEDS NOIRS. 1

CLOGENSON

BEPPO, *de Byron*, trad. vers. 1

A. CONSTANT

LE SORCIER DE MEUDON. 1

LA COMTESSE DASH

LE LIVRE DES FEMMES. *Nouv. édition*. 1

DÉCEMBRE-ALONNIER

LA BOHÈME LITTÉRAIRE 1

ÉDOUARD DELESSERT — vol.

LE CHEMIN DE ROME 1

SIX SEMAINES DANS L'ILE DE SARDAIGNE. 1

CH. DICKENS, *Trad. Amédée Pichot*

LES CONTES D'UN INCONNU. 1

HISTORIETTES ET RÉCITS DU FOYER. . 1

MAXIME DU CAMP

LES CHANTS MODERNES 1

LE CHEVALIER DU CŒUR-SAIGNANT . . . 1

L'HOMME AU BRACELET D'OR. 2e *édition*. 1

LE NIL (Egypte et Nubie). 3e *édition*. 1

LE SALON DE 1859 1

LE SALON DE 1861 1

JOACHIM DUFLOT

LES SECRETS DES COULISSES DES THÉATRES DE PARIS. Mœurs, Usages, Anecdotes, avec une préface de *J. Noriac* 1

ALEXANDRE DUMAS

L'ART ET LES ARTISTES CONTEMPORAINS au salon de 1859 1

UNE AVENTURE D'AMOUR. 1

LES DRAMES GALANTS — LA MARQUISE D'ESCOMAN 2

DE PARIS A ASTRAKAN. 3

LA SAN-FELICE 9

SOUVENIRS D'UNE FAVORITE. 4

ÉMILIE

CHANTS D'UNE ÉTRANGÈRE. 1

XAVIER EYMA

LE ROMAN DE FLAVIO 1

ANTOINE GANDON

LES 32 DUELS DE JEAN GIGON. 10e *édit*. 1

LE GRAND GODARD. 4e *édition* 1

L'ONCLE PHILIBERT. Histoire d'un peureux. 3e *édition* 1

JULES GÉRARD *le Tueur de lions*

MES DERNIÈRES CHASSES. 1

ÉMILE DE GIRARDIN

BON SENS, BONNE FOI. 1

LE DROIT AU TRAVAIL au Luxembourg et à l'Assemblée nationale 2

ÉTUDES POLITIQUES. *Nouvelle édit*. . 1

LE POUR ET LE CONTRE. 1

QUESTIONS ADMINIST. ET FINANCIÈRES. 1

ÉDOUARD GOURDON

CHACUN LA SIENNE 1

LOUISE. 12e *édition*. 1

LES FAUCHEURS DE NUIT. 5e *édition* . . 1

LÉON GOZLAN

L'AMOUR DES LÈVRES ET L'AMOUR DU CŒUR 1

LES AVENTURES DU PRINCE DE GALLES. 1

LE PLUS BEAU RÊVE D'UN MILLIONNAIRE. 1

Mme MANOEL DE GRANDFORT

MADAME N'EST PAS CHEZ ELLE 1

OCTAVE — COMMENT ON S'AIME QUAND ON NE S'AIME PLUS. 1

ED. GRIMARD vol.

L'ÉTERNEL FÉMININ. 1

JULES GUÉROULT

FABLES. 1

CHARLES D'HÉRICAULT

LA FILLE AUX BLUETS. 2e *édition*. . 1
LES PATRICIENS DE PARIS. 1

LA REINE HORTENSE

LA REINE HORTENSE EN ITALIE, EN FRANCE ET EN ANGLETERRE 1

ARSÈNE HOUSSAYE

LES FILLES D'ÈVE. 1
LA PÉCHERESSE. 1
LE REPENTIR DE MARION 1

A. JAIME FILS

L'HÉRITAGE DU MAL. 1
LES TALONS NOIRS. 2e *édition*. . . . 1

LOUIS JOURDAN

LES PEINTRES FRANÇAIS. SALON DE 1859 1

AURÈLE KERVIGAN

HISTOIRE DE RIRE. 1

MARY LAFON

LA BANDE MYSTÉRIEUSE 1
LA PESTE DE MARSEILLE. 1

G. DE LA LANDELLE

LA GORGONE 2
UNE HAINE A BORD. 1

STEPHEN DE LA MADELAINE

UN CAS PENDABLE. 1

F. LAMENNAIS

DE LA SOCIÉTÉ PREMIÈRE et de ses lois. 1

LARDIN ET MIE D'AGHONNE

JEANNE DE FLERS. 1

A. LEXANDRE

LE PÈLERINAGE DE MIREILLE. 1

FANNY LOVIOT

LES PIRATES CHINOIS. 3e *édition*. . 1

LOUIS LURINE

VOYAGE DANS LE PASSÉ 1

AUGUSTE MAQUET

LE BEAU D'ANGENNES 1
LA BELLE GABRIELLE 3
LE COMTE DE LAVERNIE 3
DETTES DE CŒUR. 4e *édition*. . . . 1
L'ENVERS ET L'ENDROIT 2
LA MAISON DU BAIGNEUR. 2
LA ROSE BLANCHE. 1

MÉRY

LE PARADIS TERRESTRE. 2e *édition*. . 1
MARSEILLE ET LES MARSEILLAIS. 2e *édit.* 1

ALFRED MICHIELS

CONTES D'UNE NUIT D'HIVER 1

EUGÈNE DE MIRECOURT

LES CONFESSIONS DE MARION DELORME. 3
— — DE NINON DE LENCLOS. 3

L'ABBÉ TH. MITRAUD

LE LIVRE DE LA VERTU. 1

L. MOLAND

LE ROMAN D'UNE FILLE LAIDE. . . . 1

HENRY MONNIER vol.

MÉMOIRES DE M. JOSEPH PRUDHOMME. 1

MARC MONNIER

LA CAMORRA. MYSTÈRES DE NAPLES. . 1
HISTOIRE DU BRIGANDAGE DANS L'ITALIE MÉRIDIONALE. 2e *édition*. 1

MORTIMER-TERNAUX

LA CHUTE DE LA ROYAUTÉ. 1
LE PEUPLE AUX TUILERIES. 1

CHARLES NARREY

LE QUATRIÈME LARRON. 2e *édition*. . 1

HENRI NICOLLE

COURSES DANS LES PYRÉNÉES. 1

JULES NORIAC

LA BÊTISE HUMAINE. 16e *édition*. . . 1
LE 101e RÉGIMENT. *Nouv. édition* . 1
LA DAME A LA PLUME NOIRE. 2e *édition*. 1
LE GRAIN DE SABLE. 9e *édition*. . . . 1
MÉMOIRES D'UN BAISER. 3e *édition*. . 1
SUR LE RAIL. 2e *édition* 1

LAURENCE OLIPHANT

VOYAGE PITTORESQUE D'UN ANGLAIS EN RUSSIE ET SUR LE LITTORAL DE LA MER NOIRE ET DE LA MER D'AZOF. 1

ÉDOUARD OURLIAC

SUZANNE. *Nouv. édition*. 1

CHARLES PERRIER

L'ART FRANÇAIS AU SALON DE 1857. . 1

LE COMTE A. DE PONTÉCOULANT

HISTOIRES ET ANECDOTES. 1

A. DE PONTMARTIN

LES BRULEURS DE TEMPLES. 1

CHARLES RABOU

LOUISON D'ARQUIEN 1
LES TRIBULATIONS DE MAITRE FABRICIUS. 1
LE CAPITAINE LAMBERT. 1

GIOVANI RUFINI

MÉMOIRES D'UN CONSPIRATEUR ITALIEN. 1

JULES SANDEAU

UN HÉRITAGE. 1

VICTORIEN SARDOU

LA PERLE NOIRE 1

AURÉLIEN SCHOLL

LES AMOURS DE THÉATRE. 2e *édition*. . 1
SCÈNES ET MENSONGES PARISIENS. 2e *éd.* 1

E.-A. SEILLIÈRE

AU PIED DU DONON. 1

Mme SURVILLE née DE BALZAC

LE COMPAGNON DU FOYER 1

THACKERAY *Trad. Am. Pichot*

MORGIANA. 1

EDMOND TEXIER

LA GRÈCE ET SES INSURRECTIONS. Avec carte. *Nouvelle édition*. 1

EM. DE VARS

LA JOUEUSE. Mœurs de province. . . . 1

Mme VERDIER-ALLUT

LES GÉORGIQUES DU MIDI. 1

A. VERMOREL

LES AMOURS FUNESTES. 1
LES AMOURS VULGAIRES 1

Dr L. VÉRON

PARIS EN 1860. LES THÉATRES DE PARIS DE 1806 A 1860, *avec gravures*. 1

ŒUVRES COMPLÈTES
DE

H. DE BALZAC

NOUVELLE ÉDITION, COMPLÈTE EN 45 VOLUMES
à 1 fr. 25 cent. le volume
(Chaque volume se vend séparément)

Les œuvres que BALZAC a désignées sous le titre de :

La Comédie humaine, forment dans cette édition. . . . . 40 volumes.
Les Contes drôlatiques. . . . . 3 —
Le Théâtre, seule édition complète . . . . 2 —

CLASSIFICATION D'APRÈS LES INDICATIONS DE L'AUTEUR :

COMÉDIE HUMAINE

SCÈNES DE LA VIE PRIVÉE

Tome 1. — LA MAISON DU CHAT QUI PELOTTE. Le Bal de Sceaux. La Bourse. La Vendetta. Madame Firmiani. Une double Famille.

Tome 2. — LA PAIX DU MÉNAGE. La fausse Maîtresse. Etude de femme. Autre Etude de Femme. La grande Bretèche. Albert Savarus.

Tome 3. — MÉMOIRES DE DEUX JEUNES MARIÉES. Une Fille d'Ève.

Tome 4. — LA FEMME DE TRENTE ANS. La femme abandonnée. La Grenadière. Le Message. Gobseck.

Tome 5. — LE CONTRAT DE MARIAGE. Un Début dans la vie.

Tome 6. — MODESTE MIGNON.

Tome 7. — BÉATRIX.

Tome 8. — HONORINE. Le colonel Chabert. La Messe de l'Athée. L'Interdiction. Pierre Grassou.

SCÈNES DE LA VIE DE PROVINCE

Tome 9. — URSULE MIROUET.

Tome 10. — EUGÉNIE GRANDET.

Tome 11. — LES CÉLIBATAIRES — I. Pierrette. Le Curé de Tours.

Tome 12. — LES CÉLIBATAIRES — II. Un Ménage de Garçon.

Tome 13. — LES PARISIENS EN PROVINCE. L'illustre Gaudissart. La Muse du département.

Tome 14. — LES RIVALITÉS. La Vieille Fille. Le Cabinet des Antiques.

Tome 15. — LE LYS DANS LA VALLÉE.

Tome 16. — ILLUSIONS PERDUES — I. Les deux Poëtes. Un grand homme de province à Paris, 1re partie.

Tome 17. — ILLUSIONS PERDUES — II. Un Grand homme de province, 2e partie. Ève et David.

SCÈNES DE LA VIE PARISIENNE

Tome 18. — SPLENDEURS ET MISÈRES DES COURTISANES. Esther heureuse. A combien l'amour revient aux Vieillards. Où mènent les mauvais chemins.

Tome 19. — LA DERNIÈRE INCARNATION DE VAUTRIN. Un Prince de la Bohême. Un Homme d'affaires. Gaudissart II. Les Comédiens sans le savoir.

Tome 20. — HISTOIRE DES TREIZE. Ferragus. La duchesse de Langeais. La Fille aux yeux d'or.

Tome 21. — LE PÈRE GORIOT.

Tome 22. — CÉSAR BIROTTEAU.

Tome 23. — LA MAISON NUCINGEN. Les Secrets de la princesse de Cadignan. Les Employés. Sarrasine. Facino Cane.

Tome 24. — LES PARENTS PAUVRES — La Cousine Bette.

Tome 25. — LES PARENTS PAUVRES — Le Cousin Pons.

SCÈNES DE LA VIE POLITIQUE

Tome 26. — UNE TÉNÉBREUSE AFFAIRE. Un Episode sous la Terreur.

Tome 27. — L'ENVERS DE L'HISTOIRE CONTEMPORAINE. Madame de la Chanterie. L'Initié. Z. Marcas.

Tome 28. — LE DÉPUTÉ D'ARCIS.

SCÈNES DE LA VIE MILITAIRE

Tome 29. — LES CHOUANS. Une Passion dans le Désert.

SCÈNES DE LA VIE DE CAMPAGNE

Tome 30. — LE MÉDECIN DE CAMPAGNE.

Tome 31. — LE CURÉ DE VILLAGE.

Tome 32. — LES PAYSANS.

ÉTUDES PHILOSOPHIQUES

Tome 33. — LA PEAU DE CHAGRIN.

Tome 34. — LA RECHERCHE DE L'ABSOLU. Jésus-Christ en Flandre. Melmoth réconcilié. Le Chef-d'œuvre inconnu.

Tome 35. — L'ENFANT MAUDIT. Gambara. Massimilia Doni.

Tome 36. — LES MARANA. Adieu. Le Réquisitionnaire. El Verdugo. Un Drame au bord de la mer. L'Auberge rouge. L'Elixir de longue vie. Maître Cornélius.

Tome 37. — SUR CATHERINE DE MÉDICIS. Le Martyr calviniste. La Confidence des Ruggieri. Les deux Rêves.

Tome 38. — LOUIS LAMBERT. Les Proscrits. Seraphita.

ÉTUDES ANALYTIQUES

Tome 39. — PHYSIOLOGIE DU MARIAGE.

Tome 40. — PETITES MISÈRES DE LA VIE CONJUGALE.

CONTES DROLATIQUES

Tome 41. — 1er *dixain*.
Tome 42. — 2e *dixain*.
Tome 43. — 3e *dixain*.

ŒUVRES COMPLÈTES DE H. DE BALZAC (*Suite*)

THÉATRE

Tome 44. — VAUTRIN, drame en 5 actes. Les Ressources de Quinola, comédie en 5 actes. Paméla Giraud, comédie en 5 actes.

Tome 45. — LA MARATRE, drame intime en 5 actes. Le Faiseur (Mercadet), comédie en 5 actes (entièrement conforme au manuscrit de l'auteur.)

ŒUVRES DE JEUNESSE

DE H. DE BALZAC

NOUVELLE ÉDITION COMPLÈTE EN 10 VOLUMES

A 1 fr. 25 cent. le volume (*chaque volume se vend séparément*)

	vol.
JEAN-LOUIS	1
L'ISRAÉLITE	1
L'HÉRITIÈRE DE BIRAGUE	1
LE CENTENAIRE	1
LA DERNIÈRE FÉE	1
LE VICAIRE DES ARDENNES	1
ARGOW LE PIRATE	1
JANE LA PALE	1
DOM GIGADAS	1
L'EXCOMMUNIÉ	1

OUVRAGES DIVERS

f. c.

GEORGES BELL

LE MIROIR DE CAGLIOSTRO. 1 vol. . 1 »

CHARLES BLANC

LES PEINTRES DES FÊTES GALANTES. 1 vol. in-32 . . . . 1 »

J. BRUNTON

LES 40 PRÉCEPTES DU JEU DE WHIST. 1 vol in-18. . . . . 1 50

ALFRED BUSQUET

LA NUIT DE NOEL. 1 vol. in-32. . 1 »

LE COMTE DE CHEVIGNÉ

LES CONTES RÉMOIS illustrés par E. Meissonier. 6e *édition*. 1 vol. . 5 »

CHARLES EMMANUEL

LES DÉVIATIONS DU PENDULE ET LE MOUVEMENT DE LA TERRE. 1 vol. 1 »

ALEXANDRE GUÉRIN

LES RELIGIEUSES. 1 vol. gr. in-18. . 1 »

LOUIS JOURDAN

LES PRIÈRES DE LUDOVIC. 1 v. in-32. 1 »

LASSABATHIE, *Admin. du Conserv.*

HISTOIRE DU CONSERVATOIRE IMPÉRIAL DE MUSIQUE ET DE DÉCLAMATION suivie de documents recueillis et mis en ordre. 1 vol. grand in-18. . 5 »

AUGUSTE LUCHET

LA CÔTE-D'OR A VOL D'OISEAU. 1 vol. grand in-18. . . . . 2 »

LA SCIENCE DU VIN. 1 vol. gr. in-18. 2 50

f. c.

STEPHEN DE LA MADELAINE

CHANT. Études pratiques de style, 1/2 vol. in-8. . . . . 2 »

P. MORIN

COMMENT L'ESPRIT VIENT AUX TABLES. 1 vol. in-18 . . . . 1 50

A. PEYRAT

UN NOUVEAU DOGME. Histoire de l'Immaculée Conception. 1 vol. in-18. 1 »

LE DOCTEUR RAULAND

LE LIVRE DES ÉPOUX. Guide pour la guérison de l'impuissance, de la stérilité et de toutes les maladies des organes génitaux. 1 fort vol. gr. in-18. . . . . 4 »

MARY-ÉLIZA ROGERS

LA VIE DOMESTIQUE EN PALESTINE. 1 vol. gr. in-18. . . . . 3 50

***

MÉMOIRES D'UN PROTESTANT condamné aux galères de France pour cause de religion, d'après le journal original de Jean Marteilhe de Bergerac. 1 vol. 3 50

LE Dr FÉLIX ROUBAUD

Inspecteur des Eaux minérales de Pougues (Nièvre)

LA DANSE DES TABLES. Phénomènes physiologiques démontrés, avec gravure explicative. 2e *édition*. 1 vol. in-18 . . . . 1 »

SAVINIEN LAPOINTE

MES CHANSONS. — 1 vol. in-32 . . 1 »

ÉTUDES CONTEMPORAINES (Format in-18)

f. c.

ODILON BARROT

DE LA CENTRALISATION ET DE SES EFFETS. 1 vol. . . . . 1 »

LE PRINCE A. DE BROGLIE

UNE RÉFORME ADMINISTRATIVE EN AFRIQUE. 1 vol 1 50

ÉDOUARD DELPRAT

L'ADMINISTRATION DE LA PRESSE. 1 v. 1 »

A. GERMAIN

MARTYROLOGE DE LA PRESSE. 1 vol. . 2 50

f. c.

LE COMTE D'HAUSSONVILLE

LETTRE AU SÉNAT. 1 vol. . . . . . 1 »

LÉONCE DE LAVERGNE

LA CONSTITUTION DE 1852 ET LE DÉCRET DU 24 NOVEMBRE. 1 vol. . 1 »

ED. DE SONNIER

LES DROITS POLITIQUES DANS LES ÉLECTIONS. — Manuel de l'Électeur et du Candidat. 1 vol. . . . 1 »

***

LA LIBERTÉ RELIGIEUSE ET LA LÉGISLATION ACTUELLE. 1 vol. . . . 1 »

COLLECTION MICHEL LÉVY

ET BIBLIOTHÈQUE DE LA LIBRAIRIE NOUVELLE

1 franc le volume grand in-18 de 300 à 400 pages

AMÉDÉE ACHARD — vol.

LES DERNIÈRES MARQUISES 1
LES FEMMES HONNÊTES. 1
PARISIENNES ET PROVINCIALES. 1
LA ROBE DE NESSUS. 1

ACHIM D'ARNIM

Traduction Th. Gautier fils

CONTES BIZARRES 1

ADOLPHE ADAM

SOUVENIRS D'UN MUSICIEN 1
DERNIERS SOUVENIRS D'UN MUSICIEN. 1

W.-H. AINSWORTH

Traduction B.-H. Revoil

LE GENTILHOMME DES GRANDES ROUTES 2

GUSTAVE D'ALAUX

L'EMPEREUR SOULOUQUE ET SON EMPIRE. 1

***

MADAME LA DUCHESSE D'ORLÉANS, HÉLÈNE DE MECKLENBOURG-SCHWERIN. 1

***

SOUVENIRS D'UN OFFICIER DU 2e DE ZOUAVES 1

ALFRED ASSOLLANT

HISTOIRE FANTASTIQUE DE PIERROT. . 1

XAVIER AUBRYET

LA FEMME DE VINGT-CINQ ANS. . . . 1

ÉMILE AUGIER *de l'Acad. française*

POÉSIES COMPLÈTES 1

***

LES ZOUAVES ET LES CHASSEURS A PIED. 1

J. AUTRAN

MILIANAH. Épisode des guer. d'Afrique. 1

THÉODORE DE BANVILLE

ODES FUNAMBULESQUES 1

J. BARBEY D'AUREVILLY

L'AMOUR IMPOSSIBLE. 1
L'ENSORCELÉE. 1

ODYSSE BAROT

HISTOIRE DES IDÉES AU XIXe SIÈCLE. — ÉMILE DE GIRARDIN, sa vie, ses idées, son œuvre, son influence. 1

Mme DE BASSANVILLE

LES SECRETS D'UNE JEUNE FILLE 1

BEAUMARCHAIS

THÉATRE, précédé d'une Notice sur sa vie et ses ouvrages, par *Louis de Loménie* 1

ROGER DE BEAUVOIR — vol.

AVENTURIÈRES ET COURTISANES. . . . 1
LE CABARET DES MORTS. 1
LE CHEVALIER DE CHARNY. 1
LE CHEVALIER DE SAINT-GEORGES . . . 1
L'ÉCOLIER DE CLUNY. 1
HISTOIRES CAVALIÈRES. 1
LA LESCOMBAT 1
MADEMOISELLE DE CHOISY 1
LE MOULIN D'HEILLY. 1
LE PAUVRE DIABLE 1
LES SOIRÉES DU LIDO. 1
LES TROIS ROHAN. 1

Mme ROGER DE BEAUVOIR

CONFIDENCES DE Mlle MARS 1
SOUS LE MASQUE 1

HENRI BÉCHADE

LA CHASSE EN ALGÉRIE. 1

Mme BEECHER STOWE

LA CASE DE L'ONCLE TOM. (*Traduction L. Pilatte*) 2
SOUVENIRS HEUREUX. (*Traduction E. Forcade*) 3

GEORGES BELL

SCÈNES DE LA VIE DE CHATEAU . . . 1

A. DE BERNARD

LE PORTRAIT DE LA MARQUISE. . . . 1

CHARLES DE BERNARD

LES AILES D'ICARE 1
UN BEAU-PÈRE 2
L'ÉCUEIL. 1
LE GENTILHOMME CAMPAGNARD 2
GERFAUT 1
UN HOMME SÉRIEUX 1
LE NŒUD GORDIEN 1
LE PARATONNERRE. 1
LE PARAVENT. 1
LA PEAU DU LION ET LA CHASSE AUX AMANTS 1

ÉLIE BERTHET

LA BASTIDE ROUGE 1
LES CHAUFFEURS 1
LE DERNIER IRLANDAIS 1
LA ROCHE TREMBLANTE 1

CAROLINE BERTON

ROSETTE 1

CH. DE BOIGNE

LES PETITS MÉMOIRES DE L'OPÉRA. . 1

LOUIS BOUILHET — vol.

MÉLÆNIS, conte romain 1

RAOUL BRAVARD

L'HONNEUR DES FEMMES 1
UNE PETITE VILLE 1
LA REVANCHE DE GEORGES DANDIN . . 1

A. DE BRÉHAT

BRAS D'ACIER 1
SCÈNES DE LA VIE CONTEMPORAINE . . 1

A. BRIZEUX

LES BRETONS 1

MAX BUCHON

EN PROVINCE 1

E.-L. BULWER *Trad. Amédée Pichot*

LA FAMILLE CAXTON 2
LE JOUR ET LA NUIT 2

S. CAMBRAY

LE MOULIN 1

ÉMILIE CARLEN
Traduction Marie Souvestre

DEUX JEUNES FEMMES 1

ÉMILE CARREY

L'AMAZONE. HUIT JOURS SOUS L'ÉQUATEUR . 1
— LES RÉVOLTÉS DU PARA . 1

HIPPOLYTE CASTILLE

HISTOIRES DE MÉNAGE 1

CHAMPFLEURY

LES AMOUREUX DE SAINTE-PÉRINE . . . 1
AVENTURES DE MADEMOISELLE MARIETTE . 1
LES BOURGEOIS DE MOLINCHART 1
CHIEN-CAILLOU 1
LES EXCENTRIQUES 1
M. DE BOISDHYVER 1
LES PREMIERS BEAUX JOURS 1
LE RÉALISME 1
LES SENSATIONS DE JOSQUIN 1
SOUFFRANCES DU PROFESSEUR DELTEIL . 1
SOUVENIRS DES FUNAMBULES 1
LA SUCCESSION LE CAMUS 1
L'USURIER BLAIZOT 1

PHILARÈTE CHASLES

LE VIEUX MÉDECIN 1

F. DE CHATEAUBRIAND

ATALA—RENÉ—LE DERNIER ABENCÉRAGE, avec avant propos *de M. Ste-Beuve*. 1
LE GÉNIE DU CHRISTIANISME, avec un avant-propos de *M. Guizot*. . . . 2
LES MARTYRS, avec un discours de *J.-J. Ampère*. 2
LES NATCHEZ, avec une étude du *Prince Albert de Broglie*. 2
LE PARADIS PERDU *de Milton* (traduct.) 1

GUSTAVE CLAUDIN

POINT ET VIRGULE 1

Mme LOUISE COLET

QUARANTE-CINQ LETTRES DE BÉRANGER. 1

HENRI CONSCIENCE

L'ANNÉE DES MERVEILLES 1
AURÉLIEN 2
BATAVIA 1

HENRI CONSCIENCE (*Suite*) — vol.

LES BOURGEOIS DE DARLINGEN 1
LE CONSCRIT 1
LE COUREUR DES GRÈVES 1
LE DÉMON DE L'ARGENT 1
LE DÉMON DU JEU 1
LES DRAMES FLAMANDS 1
LE FLÉAU DU VILLAGE 1
LE GENTILHOMME PAUVRE 1
LA GUERRE DES PAYSANS 1
HEURES DU SOIR 1
LE JEUNE DOCTEUR 1
LE LION DE FLANDRE 1
LE MAL DU SIÈCLE 1
LE MARCHAND D'ANVERS 2
LA MÈRE JOB 1
L'ORPHELINE 1
SCÈNES DE LA VIE FLAMANDE 2
SOUVENIRS DE JEUNESSE 1
LA TOMBE DE FER 1
LE TRIBUN DE GAND 2
LES VEILLÉES FLAMANDES 1

H. CORNE

SOUVENIRS D'UN PROSCRIT POLONAIS . . . 1

P. CORNEILLE

ŒUVRES, précéd. d'une notice sur sa vie et ses ouvrages par *M. Sainte-Beuve*. 2

LA COMTESSE DASH

UN AMOUR COUPABLE 1
LES AMOURS DE LA BELLE AURORE . . . 2
LES BALS MASQUÉS 1
LA BELLE PARISIENNE 1
LA CHAINE D'OR 1
LA CHAMBRE BLEUE 1
LE CHATEAU DE LA ROCHE-SANGLANTE . 1
LES CHATEAUX EN AFRIQUE 1
LA DAME DU CHATEAU MURÉ 1
LES DEGRÉS DE L'ÉCHELLE 1
LA DERNIÈRE EXPIATION 2
LA DUCHESSE DE LAUZUN 3
LA DUCHESSE D'ÉPONNES 1
LES FOLIES DU CŒUR 1
LE FRUIT DÉFENDU 1
LES GALANTERIES DE LA COUR DE LOUIS XV. 4
— LA RÉGENCE 1
— LA JEUNESSE DE LOUIS XV 1
— LES MAITRESSES DU ROI 1
— LE PARC AUX CERFS 1
LE JEU DE LA REINE 1
LA JOLIE BOHÉMIENNE 1
LES LIONS DE PARIS 1
MADAME LOUISE DE FRANCE 1
MADAME DE LA SABLIÈRE 1
MADEMOISELLE DE LA TOUR DU PIN . . . 1
LA MAIN GAUCHE ET LA MAIN DROITE . . 1
LA MARQUISE DE PARABÈRE 1
LA MARQUISE SANGLANTE 1
LE NEUF DE PIQUE 1
LA POUDRE ET LA NEIGE 1
UN PROCÈS CRIMINEL 1
UNE RIVALE DE LA POMPADOUR 1
LE SALON DU DIABLE 1
LES SECRETS D'UNE SORCIÈRE 2
LA SORCIÈRE DU ROI 2
LES SUITES D'UNE FAUTE 1
TROIS AMOURS 1

	vol.
LE GÉNÉRAL DAUMAS	
LE GRAND DÉSERT	1
E.-J. DELÉCLUZE	
DONA OLYMPIA	1
MADEMOISELLE JUSTINE DE LIRON	1
LA PREMIÈRE COMMUNION	1
ÉDOUARD DELESSERT	
VOYAGE AUX VILLES MAUDITES	1
PAUL DELTUF	
AVENTURES PARISIENNES	1
LES PETITS MALHEURS D'UNE JEUNE FEMME	1
CHARLES DICKENS *Trad. Am. Pichot*	
CONTES DE NOEL	1
LE NEVEU DE MA TANTE	2
OCTAVE DIDIER	
UNE FILLE DE ROI	1
MADAME GEORGES	1
MAXIME DU CAMP	
MÉMOIRES D'UN SUICIDÉ	1
LE SALON DE 1857	1
LES SIX AVENTURES	1
ALEXANDRE DUMAS	
ACTÉ	1
AMAURY	1
ANGE PITOU	2
ASCANIO	2
AVENTURES DE JOHN DAVYS	2
LES BALEINIERS	2
LE BATARD DE MAULÉON	3
BLACK	1
LA BOUILLIE DE LA COMTESSE BERTHE	1
LA BOULE DE NEIGE	1
BRIC-A-BRAC	2
UN CADET DE FAMILLE	3
LE CAPITAINE PAMPHILE	1
LE CAPITAINE PAUL	1
LE CAPITAINE RICHARD	1
CATHERINE BLUM	1
CAUSERIES	2
CÉCILE	1
CHARLES LE TÉMÉRAIRE	2
LE CHASSEUR DE SAUVAGINE	1
LE CHATEAU D'EPPSTEIN	2
LE CHEVALIER D'HARMENTAL	2
LE CHEVALIER DE MAISON-ROUGE	2
LE COLLIER DE LA REINE	3
LA COLOMBE. Maître Adam le Calabrais	1
LE COMTE DE MONTE-CRISTO	6
LA COMTESSE DE CHARNY	6
LA COMTESSE DE SALISBURY	2
LES COMPAGNONS DE JÉHU	3
LES CONFESSIONS DE LA MARQUISE	2
CONSCIENCE L'INNOCENT	2
LA DAME DE MONSOREAU	3
LA DAME DE VOLUPTÉ	2
LES DEUX DIANE	3
LES DEUX REINES	2
DIEU DISPOSE	2
LE DRAME DE 93	3
LES DRAMES DE LA MER	1
LA FEMME AU COLLIER DE VELOURS	1
FERNANDE	1

	vol.
ALEXANDRE DUMAS (*Suite*)	
UNE FILLE DU RÉGENT	1
LE FILS DU FORÇAT	1
LES FRÈRES CORSES	1
GABRIEL LAMBERT	1
GAULE ET FRANCE	1
GEORGES	1
UN GIL BLAS EN CALIFORNIE	1
LES GRANDS HOMMES EN ROBE DE CHAMBRE — CÉSAR	2
— HENRI IV — LOUIS XIII ET RICHELIEU	2
LA GUERRE DES FEMMES	2
HISTOIRE D'UN CASSE-NOISETTE	1
L'HOROSCOPE	1
IMPRESSIONS DE VOYAGE — EN SUISSE	3
— EN RUSSIE	4
— UNE ANNÉE A FLORENCE	1
— L'ARABIE HEUREUSE	3
— LES BORDS DU RHIN	2
— LE CAPITAINE ARÉNA	1
— LE CAUCASE	3
— LE CORRICOLO	2
— LE MIDI DE LA FRANCE	2
— DE PARIS A CADIX	2
— QUINZE JOURS AU SINAI	1
— LE SPERONARE	2
— LE VÉLOCE	2
— LA VILLA PALMIÉRI	1
INGÉNUE	2
ISABEL DE BAVIÈRE	2
ITALIENS ET FLAMANDS	2
IVANHOE de W. Scott (*Traduction*)	2
JANE	1
JEHANNE LA PUCELLE	1
LOUIS XIV ET SON SIÈCLE	1
LOUIS XV ET SA COUR	2
LOUIS XVI ET LA RÉVOLUTION	2
LES LOUVES DE MACHECOUL	3
MADAME DE CHAMBLAY	2
LA MAISON DE GLACE	2
LE MAITRE D'ARMES	1
LES MARIAGES DU PÈRE OLIFUS	1
LES MÉDICIS	1
MES MÉMOIRES	10
MÉMOIRES DE GARIBALDI	2
MÉMOIRES D'UNE AVEUGLE	2
MÉMOIRES D'UN MÉDECIN (BALSAMO)	5
LE MENEUR DE LOUPS	1
LES MILLE ET UN FANTOMES	1
LES MOHICANS DE PARIS	4
LES MORTS VONT VITE	2
NAPOLÉON	1
UNE NUIT A FLORENCE	1
OLYMPE DE CLÈVES	3
LE PAGE DU DUC DE SAVOIE	2
LE PASTEUR D'ASHBOURN	2
PAULINE ET PASCAL BRUNO	1
UN PAYS INCONNU	1
LE PÈRE GIGOGNE	2
LE PÈRE LA RUINE	1
LA PRINCESSE DE MONACO	2
LA PRINCESSE FLORA	1
LES QUARANTE-CINQ	3
LA RÉGENCE	1
LA REINE MARGOT	2
LA ROUTE DE VARENNES	1
LE SALTEADOR	1

ALEXANDRE DUMAS (*Suite*) vol.

SALVATOR. 5
SOUVENIRS D'ANTONY. 1
LES STUARTS 1
SULTANETTA. 1
SYLVANDIRE. 1
LE TESTAMENT DE M. CHAUVELIN. . . 1
TROIS MAITRES 1
LES TROIS MOUSQUETAIRES. 2
LE TROU DE L'ENFER 1
LA TULIPE NOIRE. 1
LE VICOMTE DE BRAGELONNE. 6
LA VIE AU DÉSERT 2
UNE VIE D'ARTISTE 1
VINGT ANS APRÈS 3

ALEXANDRE DUMAS FILS

ANTONINE. 1
AVENTURES DE QUATRE FEMMES. . . . 1
LA BOITE D'ARGENT 1
LA DAME AUX CAMÉLIAS. 1
LA DAME AUX PERLES. 1
DIANE DE LYS 1
LE DOCTEUR SERVANS 1
LE RÉGENT MUSTEL 1
LE ROMAN D'UNE FEMME. 1
TROIS HOMMES FORTS 1
SOPHIE PRINTEMS 1
TRISTAN LE ROUX 1
LA VIE A VINGT ANS 1

MISS EDGEWORTH. *Trad. Jousselin*

DEMAIN ! 1

GABRIEL D'ENTRAGUES

HISTOIRES D'AMOUR ET D'ARGENT . . . 1

ERCKMANN-CHATRIAN

L'ILLUSTRE DOCTEUR MATHÉUS 1

XAVIER EYMA

AVENTURIERS ET CORSAIRES 1
LES FEMMES DU NOUVEAU-MONDE . . . 1
LES PEAUX NOIRES 1
LES PEAUX ROUGES 1
LE ROI DES TROPIQUES 1
LE TRÔNE D'ARGENT. 1

GUSTAVE FLAUBERT

MADAME BOVARY. 2

PAUL FÉVAL

ALIZIA PAULI 1
LES AMOURS DE PARIS. 2
BLANCHEFLEUR 1
LE BOSSU OU LE PETIT PARISIEN. . . 3
LE CAPITAINE SIMON. 1
LES COMPAGNONS DU SILENCE 3
LES DERNIÈRES FÉES 1
LES FANFARONS DU ROI 1
LE FILS DU DIABLE. 4
LES NUITS DE PARIS. 1
LA REINE DES ÉPÉES. 1
LE TUEUR DE TIGRES 1

PAUL FOUCHER

LA VIE DE PLAISIR 1

ARNOULD FRÉMY vol.

LES CONFESSIONS D'UN BOHÉMIEN. . . 1
LES MAITRESSES PARISIENNES. . . . 2

GALOPPE D'ONQUAIRE

LE DIABLE BOITEUX A PARIS. 1
LE DIABLE BOITEUX EN PROVINCE. . . 1
LE DIABLE BOITEUX AU VILLAGE. . . . 1
LE DIABLE BOITEUX AU CHATEAU. . . 1

THÉOPHILE GAUTIER

CONSTANTINOPLE. 1
LES GROTESQUES. 1

SOPHIE GAY

ANATOLE. 1
LE COMTE DE GUICHE 1
LA COMTESSE D'EGMONT 1
LA DUCHESSE DE CHATEAUROUX. . . . 1
ELLÉNORE. 2
LE FAUX FRÈRE. 1
LAURE D'ESTELL. 1
LÉONIE DE MONTBREUSE 1
LES MALHEURS D'UN AMANT HEUREUX. 1
UN MARIAGE SOUS L'EMPIRE 1
LE MARI CONFIDENT 1
MARIE DE MANCINI. 1
MARIE-LOUISE D'ORLÉANS. 1
LE MOQUEUR AMOUREUX. 1
PHYSIOLOGIE DU RIDICULE 1
SALONS CÉLÈBRES. 1
SOUVENIRS D'UNE VIEILLE FEMME. . . 1

JULES GÉRARD

LA CHASSE AU LION. *Orné de 12 dessins de Gust. Doré*. 1

GÉRARD DE NERVAL

LA BOHÊME GALANTE. 1
LES FILLES DU FEU 1
LE MARQUIS DE FAYOLLE. 1
SOUVENIRS D'ALLEMAGNE. 1

ÉMILE DE GIRARDIN

ÉMILE 1

Mme ÉMILE DE GIRARDIN

CONTES D'UNE VIEILLE FILLE A SES NEVEUX. 1
LA CROIX DE BERNY (*en société avec Th. Gautier, Méry et Jules Sandeau*). 1
MARGUERITE. 1
M. LE MARQUIS DE PONTANGES. 1
NOUVELLES — Le Lorgnon. — La Canne de M. de Balzac — Il ne faut pas jouer avec la douleur 1
POÉSIES COMPLÈTES 1
LE VICOMTE DE LAUNAY. Lettres parisiennes. *Edition complète*. . . . 4

GŒTHE

Traduction N. Fournier

WERTHER, avec notice, d'*H. Heine* 1
HERMANN ET DOROTHÉE. 1

OLIVIER GOLDSMITH	vol.
Traduction N. Fournier	
LE VICAIRE DE WAKEFIELD, avec étude de lord Macaulay, trad. G. Guizot	1
LÉON GOZLAN	
LE BARIL DE POUDRE D'OR	1
LA COMÉDIE ET LES COMÉDIENS	1
LA DERNIÈRE SŒUR GRISE	1
LE DRAGON ROUGE	1
ÉMOTIONS DE POLYDORE MARASQUIN	1
LA FAMILLE LAMBERT	1
LA FOLLE DU LOGIS	1
LE NOTAIRE DE CHANTILLY	1
LES NUITS DU PÈRE LACHAISE	1
Mme MANOEL DE GRANDFORT	
L'AUTRE MONDE	1
LÉON HILAIRE	
NOUVELLES FANTAISISTES	1
HILDEBRAND	
Traduction Léon Wocquier	
LA CHAMBRE OBSCURE	1
SCÈNES DE LA VIE HOLLANDAISE	1
ARSÈNE HOUSSAYE	
L'AMOUR COMME IL EST	1
LES FEMMES COMME ELLES SONT	1
LA VERTU DE ROSINE	1
CHARLES HUGO	
LA BOHÊME DORÉE	2
LA CHAISE DE PAILLE	1
F. VICTOR HUGO	
Traducteur	
LE FAUST ANGLAIS *de Marlowe*	1
SONNETS *de Shakspeare*	1
F. HUGONNET	
SOUVENIRS D'UN CHEF DE BUREAU ARABE	1
JULES JANIN	
L'ANE MORT	1
UN CŒUR POUR DEUX AMOURS	1
LA CONFESSION	1
CHARLES JOBEY	
L'AMOUR D'UN NÈGRE	1
PAUL JUILLERAT	
LES DEUX BALCONS	1
ALPHONSE KARR	
AGATHE ET CÉCILE	1
LE CHEMIN LE PLUS COURT	1
CLOTILDE	1
CLOVIS GOSSELIN	1
CONTES ET NOUVELLES	1
DEVANT LES TISONS	1
LA FAMILLE ALAIN	1
LES FEMMES	1
ENCORE LES FEMMES	1

ALPHONSE KARR (*Suite*)	vol.
FEU BRESSIER	1
LES FLEURS	1
GENEVIÈVE	1
LES GUÊPES	6
HORTENSE	1
MENUS PROPOS	1
MIDI A QUATORZE HEURES	1
LA PÊCHE EN EAU DOUCE ET EN EAU SALÉE	1
LA PÉNÉLOPE NORMANDE	1
UNE POIGNÉE DE VÉRITÉS	1
PROMENADES HORS DE MON JARDIN	1
RAOUL	1
ROSES NOIRES ET ROSES BLEUES	1
LES SOIRÉES DE SAINTE-ADRESSE	1
SOUS LES ORANGERS	1
SOUS LES TILLEULS	1
TROIS CENTS PAGES	1
VOYAGE AUTOUR DE MON JARDIN	1
KAUFFMANN	
BRILLAT LE MENUISIER	1
LÉOPOLD KOMPERT	
Traduction Daniel Stauben	
LES JUIFS DE LA BOHÊME	1
SCÈNES DU GHETTO	1
DE LACRETELLE	
LA POSTE AUX CHEVAUX	1
Mme LAFARGE	
née Marie Capelle	
HEURES DE PRISON	1
G. DE LA LANDELLE	
LES PASSAGÈRES	1
CHARLES LAFONT	
LES LÉGENDES DE LA CHARITÉ	1
STEPHEN DE LA MADELAINE	
LE SECRET D'UNE RENOMMÉE	1
JULES DE LA MADELÈNE	
LES AMES EN PEINE	1
LE MARQUIS DES SAFFRAS	1
A. DE LAMARTINE	
ANTAR	1
BALZAC ET SES ŒUVRES	1
BENVENUTO CELLINI	1
BOSSUET	1
CHRISTOPHE COLOMB	1
CICÉRON	1
LES CONFIDENCES	1
LE CONSEILLER DU PEUPLE	6
CROMWELL	1
FÉNELON	1
LES FOYERS DU PEUPLE	2
GENEVIÈVE. Histoire d'une servante	1
GRAZIELLA	1
GUILLAUME TELL	1
HÉLOÏSE ET ABÉLARD	1
HOMÈRE ET SOCRATE	1
JACQUARD — GUTENBERG	1

A. DE LAMARTINE (*Suite*) vol.

JEAN-JACQUES ROUSSEAU 1
JEANNE D'ARC. 1
Mme DE SÉVIGNÉ 1
NELSON. 1
RÉGINA. 1
RUSTEM. 1
TOUSSAINT LOUVERTURE. 1
VIE DU TASSE. 1

L'ABBÉ DE LAMENNAIS

LE LIVRE DU PEUPLE, avec une étude de *M. Ernest Renan* 1
PAROLES D'UN CROYANT, avec une étude de *M. Sainte-Beuve* 1

VICTOR DE LAPRADE

PSYCHÉ. 1

CHARLES DE LA ROUNAT

LA COMÉDIE DE L'AMOUR. 1

H. DE LATOUCHE

AYMAR. 1
CLÉMENT XIV ET CARLO BERTINAZZI. . . 1
FRANCE ET MARIE. 1
FRAGOLETTA. 1
GRANGENEUVE. 1
LÉO 1
UN MIRAGE. 1
LE PETIT PIERRE. 1
OLIVIER BRUSSON. 1
ADRIENNE. 1
LA VALLÉE AUX LOUPS 1

THÉOPHILE LAVALLÉE

HISTOIRE DE PARIS 2

CARLE LEDHUY

LE CAPITAINE D'AVENTURES. 1
LE FILS MAUDIT 1
LA NUIT TERRIBLE. 1

LÉOUZON LE DUC

L'EMPEREUR ALEXANDRE II. 1

LOUIS LURINE

ICI L'ON AIME. 1

FÉLICIEN MALLEFILLE

LE CAPITAINE LAROSE. 1
MARCEL. 1
MÉMOIRES DE DON JUAN. 2
MONSIEUR CORBEAU 1

CH. MARCOTTE DE QUIVIÈRES

DEUX ANS EN AFRIQUE. Avec une introduction du *bibliophile Jacob*. . . 1

MARIVAUX

THÉATRE. Précédé d'une notice par *Paul de St-Victor*. 1

X. MARMIER

AU BORD DE LA NÉVA. 1
LES DRAMES INTIMES. 1
UNE GRANDE DAME RUSSE 1
HISTOIRES ALLEMANDES ET SCANDINAVES. 1

LE DOCTEUR FÉLIX MAYNARD

UN DRAME DANS LES MERS BORÉALES. . 1
JOURNAL D'UNE DAME ANGLAISE. . . . 1
VOYAGES ET AVENTURES AU CHILI. . . 1

LE CAPITAINE MAYNE-REID vol.

Traduction Allyre Bureau

LES CHASSEURS DE CHEVELURES. . . . 1

MÉRY

UN AMOUR DANS L'AVENIR. 1
ANDRÉ CHÉNIER. 1
LA CHASSE AU CHASTRE. 1
LE CHATEAU DES TROIS TOURS. . . . 1
LE CHATEAU VERT. 1
UNE CONSPIRATION AU LOUVRE 1
LES DAMNÉS DE L'INDE 1
UNE HISTOIRE DE FAMILLE. 1
UN HOMME HEUREUX. 1
UNE NUIT DU MIDI 1
LES NUITS ANGLAISES. 1
LES NUITS D'ORIENT. 1
LES NUITS ITALIENNES. 1
LES NUITS PARISIENNES 1
SALONS ET SOUTERRAINS DE PARIS. . . 1
LE TRANSPORTÉ. 1

PAUL MEURICE

LES TYRANS DE VILLAGE. 1

PAUL DE MOLÈNES

AVENTURES DU TEMPS PASSÉ. 1
CARACTÈRES ET RÉCITS DU TEMPS . . 1
CHRONIQUES CONTEMPORAINES. 1
HISTOIRES INTIMES. 1
HISTOIRES SENTIMENTALES ET MILITAIRES 1
MÉM. D'UN GENTILH. DU SIÈCLE DERNIER. 1

MOLIÈRE

ŒUVRES COMPLÈTES.—*Nouvelle édition* publiée par *Philarète Chasles*. . . 5

Mme MOLINOS-LAFITTE

L'ÉDUCATION DU FOYER 1

HENRY MONNIER

MÉMOIRES DE M. JOSEPH PRUDHOMME. 2

CHARLES MONSELET

M. DE CUPIDON. 1

LE COMTE DE MONTALIVET

Ancien ministre

RIEN! 18 années de gouvernement parlementaire. 3e *édition*. 1

LE COMTE DE MOYNIER

BOHÉMIENS ET GRANDS SEIGNEURS. . . 1

HÉGÉSIPPE MOREAU

ŒUVRES, avec une notice par *Louis Ratisbonne*. 1

FÉLIX MORNAND

BERNERETTE. 1
LA VIE ARABE. 1

HENRY MURGER

LES BUVEURS D'EAU 1
LE DERNIER RENDEZ-VOUS. 1
MADAME OLYMPE. 1
LE PAYS LATIN 1
PROPOS DE VILLE ET PROPOS DE THÉATRE. 1
LE ROMAN DE TOUTES LES FEMMES. . 1
SCÈNES DE CAMPAGNE. 1
SCÈNES DE LA VIE DE BOHÊME. . . . 1
SCÈNES DE LA VIE DE JEUNESSE . . . 1
LE SABOT ROUGE 1
LES VACANCES DE CAMILLE. 1

JULES SANDEAU

vol.

CATHERINE 1
NOUVELLES 1
SACS ET PARCHEMINS. 1

EUGÈNE SCRIBE

COMÉDIES. 3
OPÉRAS. 2
OPÉRAS-COMIQUES. 5
COMÉDIES-VAUDEVILLES. 10

ALBÉRIC SECOND

CONTES SANS PRÉTENTION. 1

FRÉDÉRIC SOULIÉ

AU JOUR LE JOUR. 1
LES AVENTURES DE SATURNIN FICHET . 2
LE BANANIER — EULALIE PONTOIS. . . 1
LE CHATEAU DES PYRÉNÉES. 2
LE COMTE DE FOIX 1
LE COMTE DE TOULOUSE. 1
LA COMTESSE DE MONRION. 1
CONFESSION GÉNÉRALE 2
LE CONSEILLER D'ÉTAT. 1
CONTES ET RÉCITS DE MA GRAND'MÈRE. 1
CONTES POUR LES ENFANTS. 1
LES DEUX CADAVRES. 1
DIANE ET LOUISE 1
LES DRAMES INCONNUS. 5
— LA MAISON Nº 3 DE LA RUE DE PROVENCE 1
— AVENTURES D'UN CADET DE FAMILLE . 1
— LES AMOURS DE VICTOR BONSENNE. . 1
— OLIVIER DUHAMEL. 2
UN ÉTÉ A MEUDON. 1
LES FORGERONS 1
HUIT JOURS AU CHATEAU. 1
LA LIONNE 1
LE MAGNÉTISEUR. 1
UN MALHEUR COMPLET. 1
MARGUERITE. 1
LE MAÎTRE D'ÉCOLE 1
LES MÉMOIRES DU DIABLE. 3
LE PORT DE CRÉTEIL. 1
LES PRÉTENDUS 1
LES QUATRE ÉPOQUES 1
LES QUATRE NAPOLITAINES. 2
LES QUATRE SŒURS 1
UN RÊVE D'AMOUR — LA CHAMBRIÈRE. 1
SATHANIEL 1
SI JEUNESSE SAVAIT, SI VIEILLESSE POUVAIT. 2
LE VICOMTE DE BÉZIERS. 1

ÉMILE SOUVESTRE

LES ANGES DU FOYER. 1
AU BORD DU LAC. 1
AU BOUT DU MONDE. 1
AU COIN DU FEU. 1
CAUSERIES HISTORIQUES ET LITTÉRAIRES. 3
CHRONIQUES DE LA MER. 1
LES CLAIRIÈRES. 1

ÉMILE SOUVESTRE (*Suite*)

vol.

CONFESSIONS D'UN OUVRIER. 1
CONTES ET NOUVELLES. 1
DANS LA PRAIRIE 1
LES DERNIERS BRETONS. 2
LES DERNIERS PAYSANS. 1
DEUX MISÈRES. 1
LES DRAMES PARISIENS. 1
L'ÉCHELLE DE FEMMES 1
EN FAMILLE. 1
EN QUARANTAINE. 1
LE FOYER BRETON. 2
LA GOUTTE D'EAU. 1
HISTOIRES D'AUTREFOIS. 1
L'HOMME ET L'ARGENT. 1
LOIN DU PAYS. 1
LA LUNE DE MIEL. 1
LA MAISON ROUGE 1
LE MAT DE COCAGNE. 1
LE MÉMORIAL DE FAMILLE. 1
LE MENDIANT DE SAINT-ROCH. 1
LE MONDE TEL QU'IL SERA. 1
LE PASTEUR D'HOMMES. 1
LES PÉCHÉS DE JEUNESSE. 1
PENDANT LA MOISSON. 1
UN PHILOSOPHE SOUS LES TOITS . . . 1
PIERRE ET JEAN. 1
PROMENADES MATINALES. 1
RÉCITS ET SOUVENIRS. 1
LES RÉPROUVÉS ET LES ÉLUS. 2
RICHE ET PAUVRE. 1
LE ROI DU MONDE. 2
SCÈNES DE LA CHOUANNERIE 1
SCÈNES DE LA VIE INTIME. 1
SCÈNES ET RÉCITS DES ALPES 1
LES SOIRÉES DE MEUDON. 1
SOUS LA TONNELLE 1
SOUS LES FILETS 1
SOUS LES OMBRAGES. 1
SOUVENIRS D'UN BAS-BRETON 2
SOUV. D'UN VIEILLARD. La dernière étape 1
SUR LA PELOUSE. 1
THÉATRE DE LA JEUNESSE 1
TROIS FEMMES 1
LA VALISE NOIRE 1

MARIE SOUVESTRE

PAUL FERROLL, *traduit de l'anglais*. . 1

DANIEL STAUBEN

SCÈNES DE LA VIE JUIVE EN ALSACE. 1

DE STENDHAL (H. BEYLE)

DE L'AMOUR. 1
CHRONIQUES ET NOUVELLES. 1
LA CHARTREUSE DE PARME. 1
CHRONIQUES ITALIENNES. 1
MÉMOIRES D'UN TOURISTE. 2
PROMENADES DANS ROME. 2
LE ROUGE ET LE NOIR. 1

STERNE *Trad. N. Fournier* vol.

VOYAGE SENTIMENTAL, avec Notice de *Walter-Scott*. 1

EUGÈNE SUE

LA BONNE AVENTURE. 2
LE DIABLE MÉDECIN. 3
— ADÈLE VERNEUIL. 1
— CLÉMENCE HERVÉ. 1
— LA GRANDE DAME. 1
LES FILS DE FAMILLE. 3
GILBERT ET GILBERTE. 3
LES SECRETS DE L'OREILLER. 3
LES SEPT PÉCHÉS CAPITAUX. 6
— L'ORGUEIL. 2
— L'ENVIE — LA COLÈRE 2
— LA LUXURE — LA PARESSE. . . . 1
— L'AVARICE — LA GOURMANDISE. . . 1

Mme DE SURVILLE née de Balzac

BALZAC, SA VIE ET SES ŒUVRES. 1

FRANÇOIS TALON

LES MARIAGES MANQUÉS 1

E. TEXIER

AMOUR ET FINANCE 1

WILLIAM THACKERAY
Traduction W. Hughes

LES MÉMOIRES D'UN VALET DE PIED. . 1

LOUIS ULBACH

LES SECRETS DU DIABLE. 1
SUZANNE DUCHEMIN. 1
LA VOIX DU SANG. 1

JULES DE WAILLY FILS vol.

SCÈNES DE LA VIE DE FAMILLE. . . . 1

OSCAR DE VALLÉE

LES MANIEURS D'ARGENT. 1

VALOIS DE FORVILLE

LE COMTE DE SAINT-POL 1
LE CONSCRIT DE L'AN VIII. 1
LE MARQUIS DE PAZAVAL. 1

MAX VALREY

LES FILLES SANS DOT. 1
MARTHE DE MONTBRUN. 1

V. VERNEUIL

MES AVENTURES AU SÉNÉGAL. 1

LE DOCTEUR L. VÉRON

CINQ CENT MILLE FRANCS DE RENTE. . 1
MÉMOIRES D'UN BOURGEOIS DE PARIS. . 5

CHARLES VINCENT ET DAVID

LE TUEUR DE BRIGANDS. 1

FRANCIS WEY

LES ANGLAIS CHEZ EUX. 1
LONDRES IL Y A CENT ANS 1

COLLECTION A 50 CENTIMES

Jolis volumes format grand in-32, sur beau papier

UN ASTROLOGUE vol.

LA COMÈTE ET LE CROISSANT. Présages et prophéties sur la Guerre d'Orient. 1

GUSTAVE CLAUDIN

PALSAMBLEU! 1

Mme LOUISE COLET

QUATRE POÈMES couronnés par l'Académie 1

ALEXANDRE DUMAS

LA JEUNESSE DE PIERROT. Conte de fée. . 1
MARIE DORVAL. 1

HENRY DE LA MADELÈNE

GERMAIN BARBE-BLEUE 1

MÉRY

LES AMANTS DU VÉSUVE. 1

LÉON PAILLET vol.

VOLEURS ET VOLÉS 1

J. PETIT-SENN

BLUETTES ET BOUTADES 1

NESTOR ROQUEPLAN

LES COULISSES DE L'OPÉRA. 1

AURÉLIEN SCHOLL

CLAUDE LE BORGNE 1

EDMOND TEXIER

UNE HISTOIRE D'HIER. 1

H. DE VILLEMESSANT

LES CANCANS 1

WARNER

SCHAMYL, le Prophète du Caucase. . . 1

COLLECTION FORMAT IN-32

1 FRANC LE VOLUME

Jolis volume papier vélin

	vol.
ÉMILE AUGIER	
LES PARIÉTAIRES. Poésies	1
BAISSAC	
LES FEMMES DANS LES TEMPS ANCIENS	1
LES FEMMES DANS LES TEMPS MODERNES	1
H. DE BALZAC	
LES FEMMES	1
THÉODORE DE BANVILLE	
LES PAUVRES SALTIMBANQUES	1
LA VIE D'UNE COMÉDIENNE	1
A. DE BELLOY	
PHYSIONOMIES CONTEMPORAINES	1
PORTRAITS ET SOUVENIRS	1
ALFRED BOUGEARD	
LES MORALISTES OUBLIÉS	1
ÉMILE DESCHANEL	
LE BIEN et LE MAL qu'on a dit des enfants	1
HISTOIRE DE LA CONVERSATION	1
LE MAL QU'ON A DIT DE L'AMOUR	1
CHARLES DESMAZE	
MAURICE QUENTIN DE LA TOUR	1
XAVIER EYMA	
EXCENTRICITÉS AMÉRICAINES	1
OL. GOLDSMITH *Trad. Alph. Esquiros*	
VOYAGE D'UN CHINOIS EN ANGLETERRE	1
LÉON GOZLAN	
BALZAC EN PANTOUFLES	1
LES MAITRESSES A PARIS	1
UNE SOIRÉE DANS L'AUTRE MONDE	1
LE COMTE F. DE GRAMMONT	
COMMENT ON SE MARIE	1
COMMENT ON VIENT et COMMENT ON S'EN VA	1
CHARLES JOLIET	
L'ESPRIT DE DIDEROT	1
LAURENT JAN	
MISANTHROPIE SANS REPENTIR	1
E. DE LA BÉDOLLIÈRE	
HISTOIRE DE LA MODE EN FRANCE	1
A. DE LAMARTINE	
LES VISIONS	1
LARCHER ET JULIEN	
CE QU'ON a dit de la FIDÉLITÉ et de L'INFIDÉLITÉ	1
ALBERT DE LASALLE	
HISTOIRE DES BOUFFES-PARISIENS	1
ALFRED DE LÉRIS	
MES VIEUX AMIS	1
TROIS NOUVELLES ET UN CONTE	1
ALBERT LHERMITE	
UN SCEPTIQUE S'IL VOUS PLAIT	1
Mme MANNOURY-LACOUR	
ASPHODÈLES	1
SOLITUDES. 2e *édition*	1
MÉRY	
ANGLAIS ET CHINOIS	1
HISTOIRE D'UNE COLLINE	1
MICHELET	
POLOGNE ET RUSSIE	1
HENRY MONNIER	
LES BOURGEOIS AUX CHAMPS	1
GALERIE D'ORIGINAUX	1
LES PETITES GENS	1
CHARLES MONSELET	
LA CUISINIÈRE POÉTIQUE	1
HENRY MURGER	
BALLADES ET FANTAISIES	1
PROPOS DE VILLE ET PROPOS DE THÉATRE	1
EUGÈNE NOEL	
RABELAIS	1
LA VIE DES FLEURS ET DES FRUITS	1
F. PONSARD	
HOMÈRE. Poëme	1
JULES SANDEAU	
LE CHATEAU DE MONTSABREY	1
OLIVIER	1
*******	
PARIS CHEZ MUSARD	1
P. J. STAHL	
DE L'AMOUR ET DE LA JALOUSIE	1
LES BIJOUX PARLANTS	1
L'ESPRIT DE VOLTAIRE	1
HIST. D'UN PRINCE ET D'UNE PRINCESSE	1

MUSÉE LITTÉRAIRE CONTEMPORAIN

CHOIX DES MEILLEURS OUVRAGES DES AUTEURS MODERNES

10 Centimes la Livraison — Format in-4° à 2 colonnes

ROGER DE BEAUVOIR

		fr. c.
LE CHEVALIER DE SAINT-GEORGES	—	» 90
LE CHEVALIER DE CHARNY . . .	—	» 90

CHARLES DE BERNARD

UN ACTE DE VERTU	—	» 50
LA PEINE DU TALION	—	» 50
L'ANNEAU D'ARGENT.	—	» 50
UNE AVENTURE DE MAGISTRAT. .	—	» 30
LA CINQUANTAINE.	—	» 50
LA FEMME DE QUARANTE ANS .	—	» 50
LE GENDRE	—	» 50
L'INNOCENCE D'UN FORÇAT . .	—	» 30
LE PERSÉCUTEUR.	—	» 30

CHAMPFLEURY

LES GRANDS HOMMES DU RUISSEAU	—	» 60

LA COMTESSE DASH

LES GALANTERIES DE LA COUR DE LOUIS XV.	—	3 »
— LA RÉGENCE	—	» 90
— LA JEUNESSE DE LOUIS XV.	—	» 90
— LES MAÎTRESSES DU ROI . .	—	» 90
— LE PARC AUX CERFS . . .	—	» 90

ALEXANDRE DUMAS

ACTÉ	—	» 90
AMAURY.	—	» 90
ANGE PITOU	—	1 80
ASCANIO.	—	1 50
AVENTURES DE JOHN DAVYS . .	—	1 80
LES BALEINIERS.	—	1 30
LE BATARD DE MAULÉON . . .	—	2 »
BLACK.	—	» 90
LA BOULE DE NEIGE.	—	» 90
BRIC-A-BRAC.	—	1 20
LE CAPITAINE PAUL	—	» 70
LE CAPITAINE RICHARD	—	» 90
CATHERINE BLUM.	—	» 70
CAUSERIES — LES TROIS DAMES.	—	1 50
CÉCILE	—	» 90
CHARLES LE TÉMÉRAIRE . . .	—	1 30

ALEXANDRE DUMAS (*Suite*)

		fr. c.
LE CHATEAU D'EPPSTEIN . . .	—	1 50
LE CHEVALIER D'HARMENTAL. .	—	1 50
LE CHEV. DE MAISON ROUGE. .	—	1 50
LE COLLIER DE LA REINE . .	—	2 50
LA COLOMBE — MURAT. . . .	—	» 50
LES COMPAGNONS DE JÉHU . .	—	2 10
LE COMTE DE MONTE-CRISTO .	—	4 »
LA COMTESSE DE CHARNY. . .	—	4 50
LA COMTESSE DE SALISBURY .	—	1 50
LES CONFESSIONS DE LA MARQUISE	—	1 70
CONSCIENCE L'INNOCENT. . . .	—	1 30
LA DAME DE MONSOREAU . . .	—	2 50
LA DAME DE VOLUPTÉ.	—	1 30
LES DEUX DIANE.	—	2 20
LES DEUX REINES.	—	1 50
DIEU DISPOSE	—	1 80
LES DRAMES DE LA MER . . .	—	» 70
LA FEMME AU COLLIER DE VELOURS	—	» 70
FERNANDE.	—	» 90
UNE FILLE DU RÉGENT. . . .	—	» 90
LES FRÈRES CORSES	—	» 60
GABRIEL LAMBERT	—	» 90
GAULE ET FRANCE.	—	» 90
UN GIL-BLAS EN CALIFORNIE. .	—	» 70
GEORGES	—	» 90
LA GUERRE DES FEMMES . . .	—	1 65
HISTOIRE D'UN CASSE-NOISETTE.	—	» 50
L'HOROSCOPE.	—	» 90
IMPRESSIONS DE VOYAGE :		
UNE ANNÉE A FLORENCE. . .	—	» 90
L'ARABIE HEUREUSE	—	2 40
LES BORDS DU RHIN.	—	1 30
LE CAPITAINE ARÉNA	—	» 90
LE CORRICOLO	—	1 65
DE PARIS A CADIX.	—	1 65
EN SUISSE.	—	2 20
LE MIDI DE LA FRANCE . .	—	1 30
QUINZE JOURS AU SINAÏ . .	—	» 90
LE SPÉRONARE.	—	1 50
LE VÉLOCE	—	1 65
LA VILLA PALMIÉRI	—	» 90
INGÉNUE.	—	1 80
ISABEL DE BAVIÈRE	—	1 30

ALEXANDRE DUMAS (*Suite*)		fr. c.
ITALIENS ET FLAMANDS	—	1 50
IVANHOE de Walter Scott	—	1 70
JEHANNE LA PUCELLE	—	» 90
LES LOUVES DE MACHECOUL	—	2 50
MADAME DE CHAMBLAY	—	1 50
LA MAISON DE GLACE	—	1 50
LE MAITRE D'ARMES	—	» 90
LES MARIAGES DU PÈRE OLIFUS	—	» 70
LES MÉDICIS	—	» 70
MES MÉMOIRES. (Complet)	—	8 »
— 1re *série*. (Séparément)	—	3 60
— 2e *série*. (—)	—	4 50
MÉM. DE GARIBALDI. (Complet)	—	1 30
— 1re *série*. (Séparément)	—	» 70
— 2e *série*. (—)	—	» 70
MÉMOIRES D'UNE AVEUGLE	—	1 70
MÉM. D'UN MÉDECIN — BALSAMO	—	4 »
LE MENEUR DE LOUPS	—	» 90
LES MILLE ET UN FANTÔMES	—	» 70
LES MOHICANS DE PARIS	—	3 60
LES MORTS VONT VITE	—	1 50
NOUVELLES	—	» 50
UNE NUIT A FLORENCE	—	» 70
OLYMPE DE CLÈVES	—	2 60
OTHON L'ARCHER	—	» 50
LE PAGE DU DUC DE SAVOIE	—	1 70
PASCAL BRUNO	—	» 50
LE PASTEUR D'ASHBOURN	—	1 80
PAULINE	—	» 50
LA PÊCHE AUX FILETS	—	» 50
LE PÈRE GIGOGNE	—	1 50
LE PERE LA RUINE	—	» 90
LA PRINCESSE FLORA	—	» 70
LES QUARANTE-CINQ	—	2 50
LA REINE MARGOT	—	1 65
LA ROUTE DE VARENNES	—	» 70
LE SALTEADOR	—	» 70
SALVATOR	—	4 »
SOUVENIRS D'ANTONY	—	» 90
SYLVANDIRE	—	» 90
LE TESTAMENT DE M. CHAUVELIN	—	» 70
LES TROIS MOUSQUETAIRES	—	1 65
LE TROU DE L'ENFER	—	» 90
LA TULIPE NOIRE	—	» 90
LE VICOMTE DE BRAGELONNE	—	4 75
LA VIE AU DÉSERT	—	1 30
UNE VIE D'ARTISTE	—	» 70
VINGT ANS APRÈS	—	2 20

ALEXANDRE DUMAS FILS		fr. c.
CÉSARINE	—	» 50
LA DAME AUX CAMÉLIAS	—	» 90
UN PAQUET DE LETTRES	—	» 50
LE PRIX DE PIGEONS	—	» 50

XAVIER EYMA

LES FEMMES DU NOUVEAU-MONDE	—	» 90

PAUL FÉVAL

LES AMOURS DE PARIS	—	1 30
LE BOSSU OU LE PETIT PARISIEN	—	2 50
LE FILS DU DIABLE	—	3 »
LE TUEUR DE TIGRES	—	» 70

LÉON GOZLAN

LES NUITS DU PÈRE-LACHAISE	—	» 90

CHARLES HUGO

LA BOHÊME DORÉE	—	1 50

CH. JOBEY

L'AMOUR D'UN NÈGRE	—	» 90

ALPHONSE KARR

FORT EN THÈME	—	» 70
LA PÉNÉLOPE NORMANDE	—	» 90
SOUS LES TILLEULS	—	» 90

A. DE LAMARTINE

LES CONFIDENCES	—	» 90
L'ENFANCE	—	» 50
GENEVIÈVE. Hist. d'une Servante	—	» 70
GRAZIELLA	—	» 60
LA JEUNESSE	—	» 60
RÉGINA	—	» 50

FÉLIX MAYNARD

L'INSURRECTION DE L'INDE. De Delhi à Cawnpore	—	» 70

MÉRY

	fr. c.
UN ACTE DE DÉSESPOIR. . . . —	» 50
LE BONHEUR D'UN MILLIONNAIRE. —	» 50
LE CHATEAU DES TROIS TOURS. —	» 70
LE CHATEAU D'UDOLPHE. . . . —	» 50
UNE CONSPIRATION AU LOUVRE. —	» 70
LE DIAMANT A MILLE FACETTES. —	» 60
LES NUITS ANGLAISES. . . . . —	» 90
LES NUITS ITALIENNES. . . . . —	» 90
SIMPLE HISTOIRE. . . . . . . —	» 70

EUGÈNE DE MIRECOURT

LES CONFESSIONS DE NINON DE LENCLOS. . . . . —	3 70

HENRY MURGER

LES AMOURS D'OLIVIER. . . . —	» 30
LE BONHOMME JADIS. . . . . . —	» 30
MADAME OLYMPE. . . . . —	» 50
LA MAITRESSE AUX MAINS ROUGES —	» 50
LE MANCHON DE FRANCINE. . . —	» 30
SCÈNES DE LA VIE DE BOHÊME. . —	» 90
LE SOUPER DES FUNÉRAILLES. . —	» 50

JULES SANDEAU

SACS ET PARCHEMINS. . . . . —	» 90
CARLO BROSCHI. . . . . —	» 50

FRÉDÉRIC SOULIÉ

AU JOUR LE JOUR. . . . . . . —	» 70
AVENT. DE SATURNIN FICHET. —	1 30
LE BANANIER. . . . . —	» 50
LA COMTESSE DE MONRION. . . —	» 70
CONFESSION GÉNÉRALE. . . . . —	1 80
LES DEUX CADAVRES. . . . . . —	» 70
LES DRAMES INCONNUS. . . . . —	2 50
— LA MAISON N° 3, RUE DE PROVENCE. . . . . —	» 70
— LES AVENTURES D'UN CADET DE FAMILLE . . . . —	» 70
— LES AMOURS DE VICTOR BONSENNE . . . . —	» 70
— OLIVIER DUHAMEL. . . . . —	» 70

FRÉDÉRIC SOULIÉ (*Suite*)

	fr. c.
EULALIE PONTOIS. . . . . . . —	» 30
LES FORGERONS. . . . . —	» 50
HUIT JOURS AU CHATEAU. . . . —	» 70
LE LION AMOUREUX. . . . . . —	» 30
LA LIONNE. . . . . —	» 70
LE MAITRE D'ÉCOLE. . . . . . —	» 30
MARGUERITE. . . . . —	» 50
LES MÉMOIRES DU DIABLE. . . —	2 »
LE PORT DE CRETEIL. . . . . . —	» 70
LES QUATRE NAPOLITAINES. . . —	1 30
LES QUATRE SŒURS. . . . . . —	» 50
SI JEUNESSE SAVAIT, SI VIEILLESSE POUVAIT. . . . . . . —	1 50

ÉMILE SOUVESTRE

DEUX MISÈRES. . . . . —	» 90
L'HOMME ET L'ARGENT . . . . —	» 70
JEAN PLEBEAU. . . . . —	» 50
LE MENDIANT DE SAINT-ROCH. . —	» 70
PIERRE LANDAIS . . . . —	» 50
LES RÉPROUVÉS ET LES ÉLUS. —	1 50
SOUVENIRS D'UN BAS-BRETON. . —	1 50

EUGÈNE SUE

LES SEPT PÉCHÉS CAPITAUX. . . —	5 »
— L'ORGUEIL . . . . —	1 50
— L'ENVIE. . . . . —	» 90
— LA COLÈRE. . . . . —	» 70
— LA LUXURE . . . . —	» 70
— LA PARESSE . . . . —	» 50
— L'AVARICE . . . . —	» 50
— LA GOURMANDISE . . . . . —	» 50
LA BONNE AVENTURE. . . . . . —	1 50
GILBERT ET GILBERTE. . . . . —	2 70
LE DIABLE MÉDECIN. . . . . . —	2 70
— LA FEMME SÉPARÉE DE CORPS ET DE BIENS . . . . . . —	» 90
— LA GRANDE DAME. . . . . . —	» 50
— LA LORETTE . . . . —	» 30
— LA FEMME DE LETTRES . . . —	» 90
— LA BELLE FILLE . . . . . . —	» 50
LES MÉMOIRES D'UN MARI. . . —	2 70
— UN MARIAGE DE CONVENANCES. —	1 50
— UN MARIAGE D'ARGENT . . . —	» 90
— UN MARIAGE D'INCLINATION. —	» 50
LES SECRETS DE L'OREILLER. . —	2 20
LES FILS DE FAMILLE. . . . —	2 70

VALOIS DE FORVILLE

LE CONSCRIT DE L'AN VIII. . . —	» 90

BROCHURES DIVERSES

	fr. c.
ÉMILE AUGIER	
DISCOURS DE RÉCEPTION A L'ACADÉMIE FRANÇAISE	1 »
*******	
LA QUESTION ALGÉRIENNE à propos de la lettre adressée par l'Empereur au maréchal de Mac-Mahon	1 »
LOUIS BLANC	
LA RÉVOLUTION DE FÉVRIER AU LUXEMBOURG	1 »
BLANQUI ET ÉMILE DE GIRARDIN	
DE LA LIBERTÉ DU COMMERCE ET DE LA PROTECTION DE L'INDUSTRIE	2 »
H. BLAZE DE BURY	
M. LE COMTE DE CHAMBORD — UN MOIS A VENISE	1 »
BONNAL	
ABOLITION DU PROLÉTARIAT	1 »
LA FORCE ET L'IDÉE	1 »
G. BOULLAY	
RÉORGANISATION ADMINISTRATIVE	1 »
CHAMPFLEURY	
RICHARD WAGNER	» 50
RENÉ CLÉMENT	
ÉTUDE SUR LE THÉATRE ANTIQUE	1 »
ATHANASE COQUEREL FILS	
SERMON D'ADIEU prêché dans l'église de l'Oratoire	» 50
PROFESSION DE FOI CHRÉTIENNE	» 50
LE CATHOLICISME ET LE PROTESTANTISME considérés dans leur origine et leur développement	1 »
LE BON SAMARITAIN, sermon prêché en 1864, dans les églises de Lusignan et de Reims	» 50
L'ÉGOISME DEVANT LA CROIX, sermon sur Luc, prêché dans les églises de Vauvert, Anduze, Sommières, Uzès et Clairac	» 50
LES CHOSES ANCIENNES ET LES CHOSES NOUVELLES, sermon prononcé en 1864, dans les églises de Poitiers, Reims, Nîmes, Montpellier, Montauban et Lyon	» 50
LA SCIENCE ET LA RELIGION, sermon prêché en 1864, dans les églises de Nîmes et de Dieppe	» 50
L. COUTURE	
DU BONAPARTISME DANS L'HISTOIRE DE FRANCE	1 »
DU GOUVERNEMENT HÉRÉDITAIRE EN FRANCE	1 50
UN CURÉ	
A NOTRE SAINT-PÈRE LE PAPE	1 »
CHARLES DIDIER	
QUESTION SICILIENNE	1 »
UNE VISITE AU DUC DE BORDEAUX	1 »
ERNEST DESJARDINS	
NOTICE SUR LE MUSÉE NAPOLÉON III et promenade dans les galeries	» 50
DUFAURE	
DU DROIT AU TRAVAIL	» 30
ALEXANDRE DUMAS	
RÉVÉLATIONS SUR L'ARRESTATION D'ÉMILE THOMAS	» 50
ADRIEN DUMONT	
LES PRINCIPES DE 1789	1 »
LÉON FAUCHER	
LE CRÉDIT FONCIER	» 30
OCTAVE FEUILLET	
DISCOURS DE RÉCEPTION A L'ACADÉMIE FRANÇAISE	1 »
LE MARQUIS DE GABRIAC	
DE L'ORIGINE DE LA GUERRE D'ITALIE	1 »
ÉMILE DE GIRARDIN	
L'ABOLITION DE L'AUTORITÉ	1 »
ABOLITION DE L'ESCLAVAGE MILITAIRE	1 »
AVANT LA CONSTITUTION	» 50
L'EXPROPRIATION ABOLIE PAR LA DETTE FONCIÈRE CONSOLIDÉE	2 »
LE GOUVERNEMENT LE PLUS SIMPLE	1 »
LA CONSTITUANTE ET LA LÉGISLATIVE	1 »
LE DROIT DE TOUT DIRE	1 »
L'ÉQUILIBRE FINANCIER PAR LA RÉFORME ADMINISTRATIVE	1 »
JOURNAL D'UN JOURNALISTE AU SECRET	1 »
LA NOTE DU XIV DÉCEMBRE	1 »
L'ORNIÈRE DES RÉVOLUTIONS	1 »
LA PAIX. 2e *édition*	1 »
RESPECT DE LA CONSTITUTION	1 »
LE SOCIALISME ET L'IMPOT	1 »
SOLUTION DE LA QUESTION D'ORIENT	2 50
GLADSTONE	
DEUX LETTRES au lord Aberdeen sur les poursuites politiques exercées par le gouvernement napolitain	1 »
JULES GOUACHE	
LES VIOLONS DE M. MARRAST	» 50
LE COMTE D'HAUSSONVILLE	
CONSULTATION DE MM. LES BATONNIERS DE L'ORDRE DES AVOCATS	1 »
LETTRE AUX BATONNIERS DE L'ORDRE DES AVOCATS	1 »
M. DE CAVOUR ET LA CRISE ITALIENNE	1 »
LÉON HEUZEY	
CATALOGUE DE LA MISSION DE MACÉDOINE ET DE THESSALIE	» 50
VICTOR HUGO ET CRÉMIEUX	
DISCOURS SUR LA PEINE DE MORT (*Procès de l'Événement*)	1 »
LOUIS JOURDAN	
LA GUERRE A L'ANGLAIS. 2e *édit.*	1 »
LAMARTINE	
DU DROIT AU TRAVAIL	» 30
LETTRE AUX DIX DÉPARTEMENTS	» 30
LA PRÉSIDENCE	» 30
DU PROJET DE CONSTITUTION	» 30
UNE SEULE CHAMBRE	» 30
ÉDOUARD LEMOINE	
ABDICATION DU ROI LOUIS-PHILIPPE	» 50
JOHN LEMOINNE	
AFFAIRES DE ROME	1 »

fr. c.

A. LEYMARIE

HISTOIRE D'UNE DEMANDE EN AUTORISATION DE JOURNAL. — Simple question de propriété. . . . . 2 »

ÉTIENNE MAURICE

DÉCENTRALISATION ET DÉCENTRALISATEURS. . . . . 1 »

LE COMTE DE MONTALIVET

OBSERVATIONS SUR LE PROJET DE LOI RELATIF AUX CONSEILS-GÉNÉRAUX. 1 »

LE ROI LOUIS-PHILIPPE ET SA LISTE CIVILE. . . . . » 50

LE BARON DE NERVO

L'ADMINISTRATION DES FINANCES SOUS LA RESTAURATION. . . . . 1 »

LES FINANCES DE LA FRANCE SOUS LE RÈGNE DE NAPOLÉON III. . . . . . 1 »

D. NISARD

LES CLASSES MOYENNES EN ANGLETERRE ET LA BOURGEOISIE EN FRANCE. . . . . 1 »

DISCOURS PRONONCÉ A L'ACADÉMIE FRANÇAISE en réponse au discours de réception de M. Ponsard. . . . 1 »

UN PAYSAN CHAMPENOIS.

A TIMON sur son projet de Constitution . . . . » 50

CASIMIR PERIER

LE BUDGET DE 1863. . . . . 1 »

LA RÉFORME FINANCIÈRE DE 1862. . 1 »

GEORGES PERROT

CATALOGUE DE LA MISSION, D'ASIE-MINEURE . . . . » 50

ANSELME PETETIN

DE L'ANNEXION DE LA SAVOIE. 2 éd. 1 »

fr. c.

H. PLANAVERGNE

NOUVEAU SYSTÈME DE NAVIGATION fondé sur le principe de l'envergence des corps roulants sur l'eau 1 50

A. PONROY

LE MARÉCHAL BUGEAUD. . . . . . . 1 »

F. PONSARD

DISCOURS DE RÉCEPTION A L'ACADÉMIE FRANÇAISE . . . . 1 »

PRÉVOST-PARADOL

DE LA LIBERTÉ DES CULTES EN FRANCE. 1 »

DEUX LETTRES SUR LA RÉFORME DU CODE PÉNAL. . . . . 1 »

LES ÉLECTIONS DE 1863. . . . . . . 1 »

DU GOUVERNEMENT PARLEMENTAIRE ET DU DÉCRET DU 24 NOVEMBRE . . . 1 »

QUELQUES RÉFLEXIONS SUR NOTRE SITUATION INTÉRIEURE. . . . . » 50

ESPRIT PRIVAT

LE DOIGT DE DIEU. . . . . 1 »

ERNEST RENAN

CATALOGUE DES OBJETS PROVENANT DE LA MISSION DE PHÉNICIE. . . . » 50

SAINT-MARC GIRARDIN

DU DÉCRET DU 24 NOVEMBRE ou de la réforme de la Constitution de 1852 . . . . 1 »

GEORGE SAND

LA GUERRE . . . . 1 »

G. SAND ET V. BORIE

TRAVAILLEURS ET PROPRIÉTAIRES . . 1 »

THIERS

DU CRÉDIT FONCIER. . . . . » 30

LE DROIT AU TRAVAIL. . . . . » 30

L'UNIVERS ILLUSTRÉ

JOURNAL PARAISSANT DEUX FOIS PAR SEMAINE

Chaque numéro contient 8 pages format in-folio (4 de texte et 4 de gravures)

PRIX : 15 CENTIMES LE NUMÉRO

ABONNEMENT : UN AN, 15 FR. — SIX MOIS, 8 FR.

— Pour plus de détails, faire demander le prospectus —

LE JOURNAL DU DIMANCHE

LITTÉRATURE — HISTOIRE — VOYAGES — MUSIQUE

17 vol. sont en vente. Chaque vol. format in-4, orné de 104 gravures. Prix : 3 fr.

LE JOURNAL DU JEUDI

LITTÉRATURE — HISTOIRE — VOYAGES

12 vol. sont en vente. Chaque vol. format in-4, orné de 104 gravures. Prix : 3 fr.

LES BONS ROMANS

CHEFS-D'ŒUVRE DE LA LITTÉRATURE CONTEMPORAINE

Par VICTOR HUGO, ALEXANDRE DUMAS, GEORGE SAND, LAMARTINE, ALFRED DE MUSSET, EUGÈNE SUE, FRÉDÉRIC SOULIÉ, ALPHONSE KARR, CH. DE BERNARD, ALEX. DUMAS FILS, HENRY MURGER, HENRI CONSCIENCE, PAUL FÉVAL, ÉMILE SOUVESTRE, ETC., ETC.

12 vol. sont en vente. Chaque volume, format in-4, orné de 104 gravures. Prix : 3 fr.

DICTIONNAIRE FRANÇAIS ILLUSTRÉ
ET ENCYCLOPÉDIE UNIVERSELLE

Ouvrage qui peut tenir lieu de tous les vocabulaires et de toutes les encyclopédies

ENRICHI DE 20,000 FIG. GRAVÉES SUR CUIVRE PAR LES MEILLEURS ARTISTES

Dirigé par **B. Dupiney de Vorepierre**

ET RÉDIGÉ PAR UNE SOCIÉTÉ DE SAVANTS ET DE GENS DE LETTRES

169 livraisons à 50 centimes. Chaque livraison est composée de deux feuilles de texte et contient la matière d'un volume in-8 ordinaire. L'ouvrage, composé en caractères entièrement neufs et imprimé sur papier de luxe, forme deux magnifiques volumes in-4. . . . . Prix, broché : 80 fr.

Demi-reliure chagrin, plats toile. . . . . Prix . . . . 92 fr.

DICTIONNAIRE DE LA CONVERSATION
ET DE LA LECTURE

INVENTAIRE RAISONNÉ DES NOTIONS GÉNÉRALES LES PLUS INDISPENSABLES A TOUS

PAR

UNE SOCIÉTÉ DE SAVANTS ET DE GENS DE LETTRES

Deuxième Édition

Entièrement refondue, corrigée et augmentée de plusieurs milliers d'articles tous d'actualité

16 volumes grand in-8°. Prix : 200 francs

LES FIGURES DU TEMPS

NOTICES BIOGRAPHIQUES

Par LEMERCIER DE NEUVILLE. Brochures grand in-18, avec des Photographies, DE PIERRE PETIT

Prix : 1 fr. chaque

Mme RISTORI | **ROBERT HOUDIN**
GUSTAVE DORÉ | **Mme PETIPA**

Imp. L. TOINON et Cie, à Saint-Germain.

www.ingramcontent.com/pod-product-compliance
Lightning Source LLC
LaVergne TN
LVHW010622110826
845149LV00003B/1011

* 9 7 8 2 0 1 9 1 6 7 3 6 3 *